當下自癒

何妨放鬆

強迫症

李宏夫 著

萬里機構

如何運用此書
自癒強迫症

本書提供的是具體、實用的自我訓練方法。只講理論的書籍有很多，但往往沒有實用上手的方法，強迫症朋友讀完後沒有改善，有時可能還會陷入對理論思考的強迫中。畢竟，知道並不代表能做到！我會強調：講方法，用方法。事實上，唯有具體的實踐方法，才能幫助強迫症者最終戰勝強迫症。

本書用「2 種方法 +1 套方案」幫助你把理論化為方法，將知道變為做到。在這裏，我們不說教、不生硬、不刻板，而是把理論結合實踐，把方法融入生活，用病友的經歷，生動地啟發和喚醒你的自癒能力。

本書分為四章：

第一章為你解答一些有關強迫症的困惑，涵蓋了普遍性和特殊性的強迫問題，都是非常具有代表性的。這些是我在多年輔導中總結的比較典型、常見的問題，相信會解開很多你對強迫症的疑惑，讓你正確認識強迫症。

第二章講的是方法，從簡單到深入，先教你亦止法和觀息法的具體練習步驟，然後給你制訂了一個 21 天自癒方案，讓你能夠通過「2 種方法 +1 套方案」的實操練習，順利走出強迫症。

亦止法靈活，觀息法深入，是擺脫強迫症非常實用、有效的方法。亦止法和觀息法相互促進，好比人的雙腿。亦止法是在動態下，即平常生活中的練習，阻斷胡思亂想，保持平等心。觀息法是在靜態下的練習，培養定力，平定內心。一動一靜的結合，可以讓你快速做到順其自然，充分領悟活在當下的精髓。

在這一章中，為了讓你很好地掌握方法，我會帶着你做練習，也會以案例的方式讓你看到我輔導的學員是如何做的，這樣你就會了解方法步驟，更清楚在生活中應怎樣正確操練。比起純理論，以案例方式呈現，更簡單易懂、不枯燥，讓你在方法的應用上，上手更快。

第三章結合強迫症學員的親身經歷，講最常見的強迫症狀表現及如何正確對待這些強迫的做法，從而改變你過去的錯誤認知。希望能給你帶來啟發。

第四章是我爆發強迫、抑鬱的艱難治癒經歷，以及一些通過亦止法和觀息法的練習康復的病友的分享。我們同病相憐，希望我們的經歷能激發你的動力，給你帶來信心，讓你能夠按照書中的方法耐心地練習。最後，相信你一定也可以像我們一樣戰勝強迫症，擁有嶄新的自我。

聲明：
書中的部分內容會有不同形式的重複，目的是不斷強化練習要領和形成正確的態度。

特別提示：
本書的自助訓練方法不能代替專業的心理治療和藥物治療。

目　錄

第三章

第四章

第一章

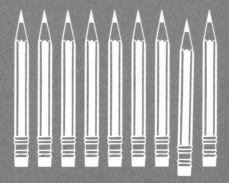

這些

都能治

——「強迫與反強迫」的終極解惑

強迫症的療癒，
就是心理改變、
心靈成長的過程，
我們唯有腳踏實地，
勇敢面對，
沉下心來修煉這顆心，
才能得以治癒。

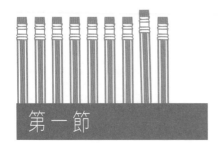

強迫了這麼久，其實你從未真正了解它

用一種邏輯去解釋另一種邏輯，得到的仍是一種邏輯，對你而言，這仍然會變成強迫。簡言之，你是在用一種強迫去對抗另一種強迫；結果，你得到的仍是強迫。如何走出強迫的怪圈？停止評判，活在當下。

有人把抑鬱症比喻為「黑狗」，而我則習慣把強迫症比喻為「影子」。沒錯，就是「影子」，趕不走，打不死，如影隨形。強迫症就是如此的狡猾與難纏。如果說，抑鬱症者是在和抑鬱這種心理疾病做鬥爭；那麼，強迫症者往往就是在和自己做鬥爭。

在我患上強迫的那些年，我曾以為想通了，如果當上了企業家，怎樣避免被小人算計，我的心結就會打開。曾經的我以為想通了，如何為人處事，才能做到完美，我的心結就會打開。曾經的我以為想通了，甚麼叫一心不可二用，為甚麼人在看電視的同時還可以吃東西？為甚麼……會不會……如果……我的心結就會打開。

我以為當我確認煤氣閥門關好了，我就心安。我以為當我確認房門鎖好了，我就心安。我以為當我確認火車不會脫軌，我就心安。我以為當我確認走在背後的人不會突然襲擊我，我就心安。我以為當我確認賣水果、賣肉的人，不會突然失去理智拿刀殺人，我就心安。我以為當我確認自己不會突然失去理智掀女人的裙子，我就心安。當初對我而言，真是有太多的「以為」，可謂是無奇不有，無所不在。總之我拼命地去想，怎樣消除生活中自己所想到的一切「不好」，結果就這樣陷入一團又一團的迷霧中，卻不知這都是我的強迫症狀。

「抑鬱」在當時更是如影隨形。也許是抑鬱太久了，導致我都不知道甚麼是快樂了，整個人感覺與世界是隔離的，彷彿身在

虛幻不實中。人變得極度的消極頹廢、慵懶不堪，而且還異常敏感，如同行屍走肉，每天只想賴在床上，甚麼事都不想做，感覺自己甚麼都做不好，毫無價值，不願和任何人接觸。任何細微的變化都可能會給我造成不安和害怕。我發現枕頭上有頭髮，就擔心是某種疾病的預兆，擔心頭髮會掉光了；看到數字 4 或 7，就會想「我是不是要死了，是不是噩運要來了」，等等。

雖然我每天只想躺在床上逃避現實，但痛苦並沒有因此而減少，頭腦仍然在高速運轉中，內心充滿了憂鬱、絕望，除了想到「人活得沒意思」、「世界很淒涼」外，想不到任何的「好」。再就是想，自己要怎麼個死法。很想一死了之，但又很怕死，內心糾結。無論身處何種環境，內心都充滿焦慮不安。無論再搞笑的喜劇，對自己而言，也不再有好笑的感覺，無論再有意思的事，我也完全沒有興趣，感覺自己喪失了開心的能力。心變得異常敏感，就像被拴了線一樣，聽到或看到不好的東西，就會「咯噔」一下，浮想聯翩。當時特別害怕自己會變成「精神病」，總是控制不住地去網上查詢精神分裂的症狀，愈看愈害怕，愈是會拿自己對照，結果是了解得愈多害怕得愈多。最要命的是，很多抑鬱、強迫的症狀，本來自己沒有，之後都變成自己的了。

情緒病（包括強迫症、抑鬱症、焦慮症、恐懼症）患者的內心都是非常脆弱的，任何訊息都可能對他們造成強大的負面暗示，我對此深有體會。我曾一度不敢上網、看電視、看各種書刊，因為我只會看到不好的東西，如果看到有關「精神」的字眼，就會想到「精神病」，陷入極度恐慌中。對我而言，網絡的壞處遠遠大於益處，因為我總會在網上看到「強迫症是精神的癌症」、「抑鬱症是精神的癌症」的說法。每當這時，我就想：「那我徹底完蛋了，強迫症、抑鬱症我都有，豈不是無藥可救了！」

精神的折磨已然讓我崩潰，加之軀體的症狀，那種滋味太難受了。抑鬱期間，感覺從來沒有真正睡着過，即使睡着了也感覺在焦慮、擔憂。感覺腦袋像被蒙上了紗布一樣，有時又像戴了個模具。總感覺眼眶充滿霧水，看東西很模糊。不僅如此，心口、腰椎、腸胃都出現了不同程度的症狀，尤其是心口，就像壓着一塊大石頭，非常沉重。每當焦慮、恐懼加劇時，心跳得異常快，感覺自己馬上就要窒息。

那段經歷真是刻骨銘心，但現在來看，這一切都是我需要修的生命課題。過去的種種苦難雖讓我痛不欲生，卻淨化了我的心靈，使我的人生得以蛻變。也正是這樣一段特殊的人生經歷引導我開始了心理諮詢這個偉大、光明的事業。

❑ 森田療法

我確信，老天對每一個人都是公平的，給你苦難時，也必會賜給你恩澤，賜給你生機，甚至更多。我更相信本書的自助方法，只要你認真、勤奮地練習，一定會戰勝強迫，並且在面對未來生活中的盛衰起伏時，越來越能保持平常心，活出高品質的人生。

強迫症往往不是由一個點、一個因素造成，而是多個點匯聚而成的面，定點消除法實在是一個漫長的過程。甚至有時對於一個點還要探究很長時間，即使心理諮詢師有耐心，患者也沒了信心。很多患者的症狀看似由生活中的某一個因素引發，然而這只是一個導火線，要清楚的是，沒有這個甲，也會有那個乙、丙、丁。

從強迫症的心理治療效果來看，相比而言，森田療法更顯得卓有成效，創始人森田正馬是位名副其實的實踐家，他從一名情緒病患者蛻變為心理學大師，期間經歷的磨難及對真知的堅持探索，鑄就了他的偉大。就生命的意義而言，他實事求是的態度和奉獻精神值得所有人學習。

森田療法很好地秉承了禪修的平常心和道家「順其自然，無為而為」的思想，無數情緒病患者從中受益，我也是其中一位。如果森田先生能在他的體系中，為情緒病患者指出生活中更容易上手的訓練方法，那就錦上添花了。

任何遺憾之處都有彌補的方法，我們接下來即將學習的自我訓練方法——亦止法和觀息法，就是切實、具體落實在生活中的訓練方法。

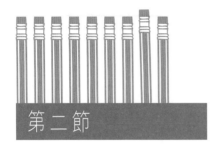

從完美變強迫，為甚麼強迫的那個人會是你？

追求完美沒有錯；但是，如果過度追求，就是一種強迫的表現了，就會給自己帶來無盡的煩惱。那麼，從完美變強迫，到底是哪裏出了問題？

我們有必要先了解一下，造成強迫症的原因是甚麼。雖然，造成強迫症的原因有很多，但往往還是與強迫症患者舊有的心理模式有關，容易敏感、多慮、多疑、急躁、追求完美主義等，是大多數強迫症患者普遍表現的心理特質。

在輔導中，常常有學員問我：「我得了強迫症，是不是說明我

心眼小、心胸狹窄、愛計較？」當我們陷入內心的痛苦時，我們總希望家人或身邊的人能理解自己的痛苦，給予自己支持和幫助。但有時候得到的回應是「你太愛計較了，你心眼太小了，你太愛鑽牛角尖了⋯⋯」

這實在是一種狹義的認識。我們如何去界定這種「心眼小」呢？很多強迫症患者在生活中被公認是一個大方、樂善好施的人，為人謙和、替人着想，而被認為是心胸狹窄、自私自利的人，反倒「好好的」，這又如何判定呢？心眼小或心胸狹窄，只是一種牽強的描述。一個人炒股賠了很多錢，可以做到無所謂，卻因一句話雷霆大發。類似的情況，一個人毫不在乎別人怎麼看自己，怎麼説自己，卻因丟了幾十元錢無限自責，徹夜難眠。面對歹徒可以鎮定果敢的人，看到老鼠反倒嚇得心驚肉跳，這是不是膽小呢？

所以説，用心眼大小或心胸寬窄來衡量一個人的心理健康，衡量強迫症，實在是太片面了。無論是心眼大的人還是心眼小的人都有他的執着，內心都有敏感、脆弱的角落；所以，人的心理局限不應被看成是心眼小、心胸狹窄。這種對強迫症的片面

認識，只會加重強迫症患者心理上的強迫。

還有一些強迫症患者，認為是環境問題導致了他的強迫。的確，環境問題對人的心理會造成很大程度的影響，但絕大多數爆發的強迫症，並非都是環境問題引發的，其主要還是患者自身的不健康心理因素造成的。很多被患者視為影響很大的環境問題，對他人而言並不是一個真正的問題。那麼，所謂的環境問題就很可能是患者自身問題的一種表象，一個投射點，也許沒有這個問題，還會遇到另一個問題。

我輔導過很多強迫症學員，也有一部分學員抱怨當下所處環境的煩惱和痛苦。然而，除一些極端的環境外，多數所謂的環境問題都是非現實、非客觀的問題，即使改變了環境，煩惱、痛苦又會「轉移」到另一個問題上。

小齊是一名非常優秀的高中生，但是強迫症已讓他無法正常生活和學習了。開始是三番五次地調座位，原因是他總控制不住自己的目光去注意旁邊的女同學。但當旁邊不再有女同學時，新的問題又來了，他又開始控制不

住地去注意後面同學的説話聲。他覺得這個班級和他「不合拍」，所以很痛苦。後來他如願以償，換到了新的班級裏，但是短暫的平靜沒過幾天又被無情地打破了。他沒辦法上課了，這一次他的問題是控制不住地去注意女老師的胸。他低頭不看老師講課，會想「老師是不是發現我的『壞』心思了」；看老師，又會控制不住地去注意老師的胸。結果是看也不是，不看也不是。各種強迫，讓他痛苦不堪。

有太多強迫症患者認為改變了環境，就可以消除或是改善他的強迫。遺憾的是，他們還是會產生這樣或那樣的強迫。也許還是老問題，也許已經變成了新的問題；然而，不管是老問題還是新問題，強迫的本質沒變，模式沒變。

看似是環境問題造成的強迫，其實都只是表象，都只是我們這種強迫心理的一種投射，一種「包裝」。所以，改變這種不健康的心理模式才是強迫症康復的關鍵所在。

每個強迫症人心裏都住着一個唱反調的自己

有人說，強迫症是內心強烈的衝突與反衝突。有人說，強迫症是自己和自己做鬥爭。《孫子·謀攻篇》說：「知己知彼，百戰不殆⋯⋯」那麼，你了解自己嗎？了解「強迫」與「反強迫」嗎？如果，你鬥爭的對手是自己，你又該如何戰勝自己呢？下面，讓我們來看一下，在與強迫症的鬥爭過程中，哪些是你需要了解的。

有人認為，只要解開了令我強迫的心結，就不會再有強迫了。事實真的如此嗎？

我們說，打開心結對強迫的改善固然是有幫助的，但心結的打開不代表心理模式的改變。如果心理模式不改變，我們這顆心還是很容易「打結」；那麼，各種強迫就很可能再次席捲而來，實際情況也往往如此。從強迫症治療的觀察和統計結果來看，很少有強迫症患者因某個心結的打開而得到完全治癒的。

強迫的心理會不斷地製造出各種所謂的心結。如果只從表面上去解心結，那將是一個「無底洞」，我們發現總是會有解不完的結，一個接一個地出現。其實，真正的問題出在我們這種強迫的心理，不健康的心理模式才是產生問題的根源。如果把心結比作一個點，那麼，強迫症往往就是由無數個點匯成的面。看似是因某個事件或是某個心結造成了強迫，但一般而言，這只是一個誘因，一個導火索而已，沒有這個甲，也會有那個乙，就像積漲的洪水總是會從河堤的薄弱處撕開口子一樣。

有很多強迫症朋友被「指教」：當強迫出現了，你轉移注意力就好了。是的，這是個好方法。有些時候，轉移注意力是可以緩解強迫及負面情緒的。但對於強迫症的療癒來說，我們無法通過轉移注意力的方式來治癒它。當強迫達到一定程度時，我

們不僅很難轉移注意力，甚至轉移注意力都會變成一種控制，一種強迫。所以，只有改變了我們這種強迫的心理模式，遇事能越來越不糾纏，不執着，懂得以平常心看待生活，強迫症自然就痊癒了。

有的患者總是陷入過去的情結中無法自拔，認為如果過去沒有發生某件事，自己就不會得強迫症了。事實上，除創傷性事件外，強迫症往往是一種長期負面情緒積累的爆發，當情緒的積累超出人的心理荷載時，就會在生活中的某個方面撕開口子，不是這個甲，就可能是那個乙、丙、丁。

所以，不要執着於這些表象問題，要看清強迫症的本質，我們要做的是不斷改變這顆容易產生情緒、積累情緒的心，改變這種不健康的心理模式，而不是一味地糾纏看似造成強迫的表象問題。當心安定了，不再像過去那樣容易執着、糾纏了，我們會發現，看似造成我們強迫的問題，往往變得不再是問題了，心自然就放下了。

每一位患者都希望一夜醒來如夢方醒，希望通過某種方式、方

法讓自己一下子就好了。在我曾經患強迫、抑鬱期間，又何嘗不是這麼想呢？因此，我非常理解這種心情。但我們還是要理性、客觀地看待自己的問題。幽香、令人傾心的梅花看似一下子盛開，卻是經過寒冷冬季的錘煉的，鋒利的寶劍沒有經過千錘百煉，又怎能鍛造而成呢？

強迫症的療癒，就是心理改變、心靈成長的過程，我們唯有腳踏實地，勇敢面對，沉下心來修煉這顆心，才能得以治癒。不要寄希望於捷徑，更不要寄希望於某種靈丹妙藥讓我們一下子就脫離痛苦。要清楚，成長道路無捷徑。

第四節

面對強迫症，為甚麼你過去的努力不管用？

無論做人、做事，還是思考問題，我們需要客觀、理性、講道理，這是對的。但對強迫症患者而言，有時過多的大道理，反而會令他們陷入更深的糾纏和強迫中。這是因為，我們不懂得如何正確對待強迫症。正確的做法是覺知（正念）。

甚麼是「覺知」？簡單來講，覺知就是知道、清楚的意思。覺知不是過去的，過去的是回憶，覺知也不是未來的，未來的是想像。覺知是當下的，知道當下在發生甚麼，才是覺知。回憶過去和想像未來都是妄想。

覺知是了除煩惱、痛苦的途徑，是讓我們的心回到當下的必然，只有活在當下才能斷除妄想。沒有妄想，自然就不會再有強迫，如此我們便能從煩惱、痛苦中解脫出來。這也正是森田療法「順其自然，為所當為」所要表達的思想。

森田療法強調「不抗拒症狀就能消除症狀」。對待一切的緊張、焦慮、強迫、恐懼或是其他種種煩惱的產生，我們要做的不是排斥、對抗、消除，更不是控制、打壓、批判，這一切都是糾纏，是繼續「打結」的過程，只會不斷增加內心的衝突，強化症狀。

正確的做法是「覺知」，只要保持覺知便是，不做任何心理的反應；如此一來，我們就會從妄想的循環中解脫出來，回到當下，內心的一切痛苦最後就會自動消失。

森田療法的治療專家青木薰久先生，曾引用《伊索寓言》中的一個故事，很形象地說明了這一理論：
大力神海格力斯制服過許多兇狠的野獸和狡猾的怪物。有一天，他走在路上，忽然被一塊蘋果大小的石頭絆倒，

非常生氣，拔劍便砍。哪想到這塊不起眼的石頭竟然愈砍愈大，直接堵死了大力神前進的道路。

聰明的女神雅典娜告訴大力神：「你愈砍，它就愈大，再砍下去，它不僅繼續長大，還會拿出別的辦法對付你。你如果不去理它，它反倒很安分，很快縮小到原來形狀，還是躺在那裏，一動也不動。」海格力斯聽從了雅典娜的勸告，停止了愚蠢的行為，收起了寶劍，那塊石頭果然立即變小，不一會兒，縮小到原來的蘋果大小。

強迫症等情緒病就像那塊怪石，你愈是用力對抗，就愈是會適得其反，緊張、焦慮、不安的症狀就會愈重，就會將你捆綁得愈緊。但如果你接納它，即不管它、不糾纏它，讓其自由來去，症狀就會「失去力量」，進而自動消失，這就是無常法則。宇宙中的萬物沒有固定不變的，一切都是生起、滅去的變化現象。

是的，一切緊張、焦慮、不安等情緒及症狀都會消失，我們所要做的就是「如實觀察」、「覺知」。無論是佛陀還是古代的聖賢都在用不同的語言給我們表達這一真理，你可以把這種做

法理解為「順其自然」，也可以理解為「平常心」，或者通俗地理解為「接受」。

「活在當下」是禪修的本質。人的痛苦，從佛家思想來說，都是由貪嗔的「執着心」造成的，令我們不斷地陷入妄想之流的痛苦輪迴中無法自拔。如何斷除這種痛苦呢？就是活在當下。這是一個實實在在的問題。但很多人會質疑或是不屑一顧地說：「活在當下，我哪天不是活在當下呢？」是的，只要你活着，你就在當下，但你只是身體在當下，而你的心更多時候都在過去和未來的妄想中，很少活在當下，你的身心是分離的。我們的心已經習慣了活在過去和未來，妄想已然成為心的習性反應，「吃飯的時候，想着工作；工作的時候想着其他的事⋯⋯」。「活在當下」這麼簡單的事情，對現在的我們來說卻變得何其艱難。然而人必須活在當下，唯有如此，才能從無盡的煩惱中解脫出來。「活在當下」是真理所在，是順其自然法則所在。

道理我都懂，但我就是做不到

治癒強迫症的最大障礙是甚麼？很多強迫症朋友都知道「順其自然」的道理，卻難以做到。是的，知道和做到是兩回事。喜歡講大道理，是強迫症者的「強項」，但很多時候這種大道理，並沒有讓他們擺脫強迫，反而讓他們陷入另一種強迫中。

一個 15 歲的強迫症學員在第一次接受輔導時說：「老師，我希望您不要給我講大道理，大道理我都懂，但是我就是做不到，我想知道的是甚麼方法才能讓我做到不強迫⋯⋯」沒錯，一個 15 歲的少年尚且如此，更何況成年人呢？

在我爆發強迫症的那些年，我也聽過很多的大道理，也曾給自己講過無數次的大道理，「心靈雞湯」又怎麼樣呢？往往只會把自己愈灌愈暈。

自然法則要我們做的就是順其自然，別的甚麼都不做。當緊張、焦慮等情緒或症狀產生時，不抗拒、不參與，就只是如實觀察便是，就像一個局外人一樣觀察（覺知）它。就好像「你」來了，我知道「你」來了，如此一來，負面情緒或症狀就會逐漸自動消失。

「甚麼都不做？」有些強迫症朋友感到詫異，這是因為他還不懂這其中的妙理。對於強迫症來說，或許你還是一個「新手」，「老手」大多是了解森田療法的，也自然就明白「甚麼都不做」的道理了。

但懂得這個道理不代表就能做到。我輔導過很多強迫症的「老手」，他們對森田療法理論的掌握都可以去「教書」了，甚至對有些心理流派方法的研究也都可以「出師」了。但懂得道理和能做到是兩回事。「我怎麼才能做到順其自然，我怎麼做才是順其自然，我是不是在順其自然……」當順其自然變成一種思考的東西時，順其自然已經不是順其自然了，而是一種強迫了，這是很多「老手」領教過的。

暈了！這講的是甚麼亂七八糟的東西，怎麼順其自然又不是順其自然了呢？沒錯，因為這不是頭腦的東西，而是內心的東西。所以不要試圖去想通順其自然，而是要用心去領會。

舉個例子，這是我個案輔導中與學員的一段對話：

我：「如果你往一個平靜的湖面扔一塊石頭，湖面會出現甚麼情況？」

學員：「當然會泛起很多的漣漪啦！」

我：「是的，那如果讓湖面恢復平靜的話，你要怎麼做？」

學員：「不再扔石頭就行了。」

我：「沒錯，我們內心的原理也是相同的。就像這個泛起漣漪的湖面，我們想讓它平靜下來，想消除泛起的漣漪，但我們過去的做法是甚麼呢？我們在做相反的事情，不停地攪動，結果怎樣呢？不但不能消除漣漪，反而會激起更多的水花。有些方面，你應該已經體驗到了，你的擔心並沒有因為你的心理鬥爭而消除。」

學員：「是的，李老師，就像我擔心某種超級病毒在空氣中傳播，會傳染給我一樣，我明知道這種想法很荒唐，我就是控制不住地這麼想。我不斷用理智去打消這種擔

心：這都是自己的胡思亂想，哪會容易就有這種病毒，真要是有的話，國家早就檢測到了，早就採取措施了。然而，另一個聲音馬上就跳出來了：這可能是一種超級病毒，這種病毒很可能超出了國家目前的檢測能力和醫療水平。即使不是這樣，萬一有漏網之魚呢？萬一你運氣不好呢……一個接一個，沒完沒了。我都要瘋了，真像您說的，不僅消除不了擔心，反而讓我愈陷愈深。」

如果我們不了解強迫的特點，只是不斷地接招，那我們會被強迫「玩死」，因為強迫總能見招拆招。
我們來看看強迫思維的招數：
強迫說：「剛才抽血用的這個針頭會不會是不合格的產品？」
理性說：「不會吧！這可是正規的醫院。」
強迫說：「萬一採購醫療用品的醫生，是黑心的醫生呢？」
理性說：「不太可能，現在的監管體系也都很嚴密的。」
強迫說：「再正規、再嚴密的地方也會有漏洞……」
接下來就是一連串的思想鬥爭了，然後會怎樣呢？然後我們就蒙圈了。一旦我們陷入強迫的怪圈中，我們就無法自拔了。

對待強迫，正確的做法是「不理它」，不管它如何喬裝打扮迷惑我，我都「不動聲色」，只是保持覺知，對一切生起的思維或感受就只是保持覺知便是；如此一來，強迫就會漸漸失去力量而消失。

這就是無常法則，自然萬物中無論是有形的還是無形的事物或現象，沒有固定不變的，一切都是生起、滅去的變化過程。當我們不去糾纏強迫思維，它的影響就會慢慢減弱，最後消失。相反，我們去評判它、糾纏它，它就會愈演愈烈。

第六節

聽說強迫症難治癒，這是真的嗎？

只要有正確方法的指導，治癒強迫症並不困難。西方及中國有太多的臨床及研究數據證明了這一說法。我曾經是一名重度強迫、抑鬱的患者，最後我痊癒了。我要感謝命運讓我有這樣一段寶貴的心靈歷練，讓我懂得了人活着的真正意義是甚麼。對我來說，這是一切財富都無法換來的。

強迫、抑鬱的特殊經歷賦予了我新的人生使命，我毅然選擇了心理諮詢這個非凡而光明的事業。我不僅有深刻的強迫症狀體驗，還有多年專業的深入學習和探究。

無論從我個人的康復經歷來說，還是從我多年以來從事強迫症心理輔導的實踐來說，我都可以很肯定地告訴大家，無論是甚

麼程度的強迫症，無論強迫症是由甚麼原因造成的，絕大多數都是可以康復的。

有的學員會問：「如果強迫症可以治癒，那麼可以自癒嗎？不治療會變嚴重嗎？」

☐ 順其自然自療法

從本質上講，所有心靈的療癒都是自我的療癒。強迫症的治癒，也是如此。專業老師的幫助及方法，只是給你一個正確的引領，協助你找到自己內在本就具有的能力。當然，如果你不對自己的心理做一個正確、正當的梳理，不進行改變，仍然像以往一樣看待生活和事物，那麼，自癒是很難的。

對於強迫症的療癒，我認為，如果你已嘗試過多種調節方法，但沒有得到改善；那麼，很可能你的方式或方法存在問題，那麼，尋求專業的幫助或正確的方法將是非常有必要的。

如果我們仍然以舊有的思維方式對待強迫的話，不僅不能消除強迫，反而會加劇強迫，且造成強迫的泛化。正確的態度是

保持平等心，即不執着、不糾纏，如此一來，強迫就會慢慢消失。這也正是森田療法所倡導的「順其自然，為所當為」的道理，也正是本書要教給我們做到「順其自然」的方法。

對於不同程度的強迫症狀，我們應該客觀、理性地看待，不能一概而論。比如，輕度的強迫症狀，我們可以通過自身調節達到一定的改善。但像中度以上的強迫，或是已經嚴重影響到我們正常生活及工作的強迫，就需要積極地尋求專業的幫助或治療了，繼續用過去的對待方式或是一味忍受，只會讓我們的強迫變得更糟，導致症狀的泛化。

有很多學員擔心：「我不只有強迫，還有焦慮和抑鬱，是不是說明我很嚴重了？」

其實，無論是強迫、焦慮、恐懼還是抑鬱等症狀，沒有哪一種症狀是純粹的、單一的表現。這些症狀往往是相伴、交織、連動的存在，區別是表現的主體症狀不同。

簡單來說，強迫本身就是焦慮、不安。當焦慮、不安無法擺脫

時，就會造成抑鬱。抑鬱又會引發（加劇）焦慮、強迫，造成惡性循環。這種心理活動可以是任何一種負面情緒或心理症狀的發展。所以，強迫症的表現症狀中一定會有焦慮、恐懼、抑鬱等症狀。抑鬱症、焦慮症的症狀也是如此。

在我的個案輔導中，我從不會對強迫症、抑鬱症、焦慮症等神經官能症的治癒做某種標準或界定；相反，我認為任何對這類症狀做出的「治癒標準」，都會變成一種限制、劃分和障礙。

好了就是好了，你自然會知道，不需要任何的界定。一種食物好不好吃，你的體驗自然會清楚，難道我們還要去對照某種標準嗎？

當我們去界定一種「好」的標準時，我們就會陷入標準的對照、評判中，而對照、評判就容易造成焦慮、沮喪、失落等情緒。那麼，我們會怎樣呢？平靜的心變得不平靜，不平靜的心會變得更不平靜。

心就是這樣，一旦我們界定一種「好」的標準或概念，心就會派生出與之相反的「壞」，因為我們在製造分別、對立。我們會以一顆喜好厭惡的心去思量審視標準。當我們的言行舉止、身心狀態、所作所為或是所遭境遇，不符合我們認為的「好」「標準」或「正常」時，心就會產生厭惡，厭惡的心又會不斷製造排斥、對抗，結果是愈陷愈深，惡性循環。

猶如泛起漣漪的池水，如果我們一邊期望池水恢復平靜，一邊又不斷地攪動池水，那麼我們就會陷入無盡的執着和迷茫中。所以，好了就是好了，不必追求或對照所謂的標準，我們自身有桿秤。

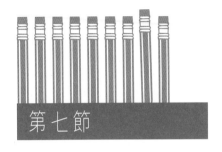

第七節

戰勝強迫症，
這 8 點是你和家人
一定要知道的

對於強迫症朋友來說，適當的約束和注意是非常必要的，這可以避免一些不必要的煩惱，如此才能更好更快地走出強迫，回歸自我。這裏的 8 點建議你要牢記於心：

1. 盡可能減少甚至停止到網上去了解與強迫症等各種心理疾病相關的症狀。強迫症的最大「優點」就是善於對號入座、扣帽子、貼標籤。

2. 減少與強迫症病友接觸。雖然某些時候病友間可以相互鼓勵和傾訴，但最終無法獲得真正的益處；因為彼此都是迷路的人，如何給予對方正確的指引呢？而且，我們很容易把對

方的強迫變成自己的強迫。對號入座是強迫症的一貫伎倆。

3. 盡可能讓自己動起來，多參加一些有益的社會活動，做一些自己能做的事情，簡單、專注地去做，不求結果。封閉自己會讓你的心境變得更糟糕。因此，你要在可承受的範圍內強迫自己動起來，每天保持規律的室外運動，減少社會隔絕感。

4. 向親人或朋友傾訴自己的煩惱是好的，但不要期望對方能理解自己的感受。沒有吃過苦瓜的人，你如何讓他了解其中的苦澀呢？

5. 看與心理學相關的書籍是好的，但對於強迫症朋友而言，應有所選擇。凡是引起你思想混亂或產生強迫的內容，都應該掠過，不要陷入糾纏。對於能夠給予自己啟發的書，你可以反覆學習和體會，保持平常心，那麼你會獲得更多的益處。

6. 在飲食上，多吃清淡的食品是好的，這有助於腸胃的消化和吸收，減弱身體的沉重感。身體的沉重感減輕，我們的負面情緒也自然會有所改善。

7. 良好的生活作息對身心修復是非常有益處的。因此，晚上11 點前，若沒有特殊情況，要上床休息，但不必強迫自己入睡，順其自然。早上盡可能在 7 點前起床，做自己需要

做或是力所能及的事情。

8. 不要設法消除自己的強迫，正如森田療法的思想所講，「帶着」症狀去生活，盡可能不管它、不理它，專注當下。

❏ 家人支持是康復動力

很多時候，家人的陪伴和支持對於患者的康復是有一定幫助的。他們有時就是患者戰勝強迫症的信心和動力。當然，家人不僅要在精神上給予支持，更要在具體的行動上給予支持，具體做法，家人可參考以下 9 點建議：

1. 不要過多地對患者表現出的強迫進行説教。主要的一點是，患者對大道理往往都非常清楚，過多地強調患者本來就知道的道理，有時反而會加深患者內心的挫敗感和痛苦。對於強迫症患者來説，最不缺少的往往就是「邏輯」和「大道理」。

2. 就像輔導中常常有學員對我説：「大道理我都懂，但我就是做不到。」、「我就是大道理知道的太多了，反而變強迫了。」有時，恰恰是類似「先有雞，還是先有蛋」的邏輯思維，把強迫症患者拖入無底洞，陷入無法自拔的強迫中。

3. 幫助患者建立一個可實施的行動計劃，最大限度地調動患者的積極性，鼓勵患者參加戶外運動，讓他們做簡單而又容易完成的事情。只要患者不是強烈抗拒的、厭煩的，並且是積極的、正面的事情，那麼都可以引導患者行動起來。

4. 幫助患者建立規律的、健康的生活作息，尤其是入睡、起床方面的。混亂的生活狀態會使患者陷入惡性循環中。

5. 盡可能給患者吃清淡的飯菜，這有助於患者消化。除此之外，也要使他們養成規律的用餐習慣，即使患者沒有胃口，不想吃，也要鼓勵其進食。

6. 家人要最大限度地陪同或參與患者的行動計劃中，而不是只在旁邊說教，要不斷地勉勵和督促患者，以便患者堅持下來。

7. 盡可能不讓患者接觸喧囂及複雜的社會環境，保持簡單、輕鬆的環境，可減少患者觸景聯想和產生新的強迫。

8. 即使是簡單的行動計劃，對強迫症朋友而言，起初都可能是一件困難的事情。這是強迫症的症狀表現。而且這正是他們需要去克服的，因此，要最大程度地鼓勵他們堅持行動計劃。

9. 鼓勵患者積極尋求專業的心理治療（疏導），當然，你也可以鼓勵患者嚴格按照本書的方法勤奮地練習。

第二章

這樣□□□□就能治

——2 種方法 + 1 套方案

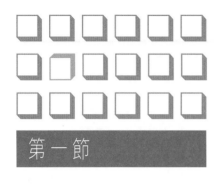

第一節

練習須知

從事心理諮詢工作以來，我最大的喜悅就是看到一個又一個學員，在我的指導下走出心理困境，戰勝了自我。但我還有一個願望，那就是把我在心理輔導中運用的這些方法，以文字的形式分享出來，讓更多強迫症朋友能夠通過這些方法，戰勝強迫。

在以下的章節中，我為強迫症朋友展開了由淺入深的「2 種方法 +1 套方案」，分別是快速做到順其自然的「亦止法」、活在當下的「觀息法」和「21 天自癒強迫症方案」。

亦止法，主要教你用一句話做到順其自然的「亦是如此」練習，是對生活中當下所注意的對象通過描述、標記的方式，讓心專注於當下，擺脫強迫、胡思亂想，做到順其自然。

觀息法，主要教你培養平等心，活在當下的觀察呼吸練習，通過靜坐觀呼吸，培養出更深層的覺知和平等心，讓心得以更好地活在當下。

亦止法和觀息法本質相同，旨在培養覺知和平等心，簡單來說，就是順其自然的心態。將兩種方法配合，持續、勤奮地練習，我相信，你一定會越來越好，最終一定可以戰勝強迫。

為了讓你能順利地進行練習，並取得應有的效果，我希望你能遵守以下 8 點，牢記於心，甚至每隔幾天就要熟悉一下。如此，你就能在努力的練習下，獲得應有的進步。

1. 練習期間不要到網上平台，查找強迫等症狀的內容，避免受到負面暗示及對號入座。

2. 練習期間，盡量不要接觸強迫症患者及其他心理疾病群體，這並不是某種歧視。一方面是避免雙方進行相關訊息交流時，觀念上有衝突，陷入練習的謬誤和錯誤的判斷中；另一方面，病友之間的互助往往是有限的，無法避免會相互對照症狀，有可能會給彼此造成新的強迫。

3. 練習期間，不去尋找練習效果，不去尋找你所認為的「好」，不去尋找以前「好」的時候的狀態，不去驗證自己是否有進步。

4. 每天的練習都是一次新的開始，因此，不要與之前的練習情況及感覺做任何的對比。

5. 盡量不要去看專業心理方面的著作，避免某種專業説法的捆綁和分別。

6. 一心專注做練習，不設目的，不抱期待。

7. 練習期間，在你沒有經驗到一定的效果時，盡可能不去和
   他人探討你正在進行的這個練習，這是一種「保護」，避
   免不同的觀點影響你對練習的信心。

8. 練習期間出現的情緒波動是一次次問題顯現及釋放的過
   程，這是成長的過程，是方法的一部分。呈現即療癒，蛻
   變伴隨痛苦。

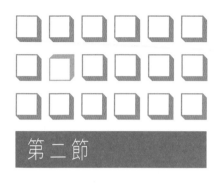

一句話做到順其自然的「亦止法」

強迫症的療癒，就是心靈成長的過程。當心理改變了，不再像過去那樣容易敏感、多慮、多疑、追求完美主義，我們的心自然就會是安定的、放鬆的，不會再有強迫、焦慮。

你的未來一定是光明的，但你要客觀地了解，改變是需要時間的。就像一棵粗壯的大樹，從一粒種子到生根發芽，到破土而出，再由小樹苗變成粗壯的大樹，時間加上生長條件的聚合最後成就了這棵樹。對於強迫症的療癒來說，也是如此。所以，我們必須要以最大的耐心和堅決去練習書中的方法；最後，我們一定可以戰勝強迫症，成就自己！

為了讓你快速擺脫強迫症狀，我先教你通過一句話做到順其自然的亦止法。本節內容主要介紹如何用亦止法應對生活中的強迫。方法並不複雜，且簡單、快速、有效，但需要我們在生活中大量實踐，唯有如此，才能獲得更好的效果。

我也希望你能以客觀、平常的心態看待這個方法。亦止法是一個入門，重點是將亦止法結合第三節的觀息法，兩個方法同時進行，相互促進，只要我們按照要求堅持、耐心地練習，我們一定會感覺到自己越來越好，最後完全擺脫強迫。

❏ 亦止法概述

亦止法，簡單來說，就是通過「亦是如此」這句話，對當下進行描述、標記的方式，保持覺知（正念），使我們的心安住當下，做到順其自然，從而消除強迫、焦慮、緊張等症狀。

❏ 亦止法練習要點

覺知：簡單來說，就是知道、清楚、了解的意思，覺知即正念。
平等心：平等心即平常心，簡單來說，就是不執着、不糾纏，順其自然的心。

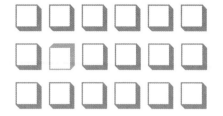

從練習的小範圍來說，平等心就是不評判、不參與、不分析、不聯想、不控制、不打壓。

□ 亦止法練習要求

對無論是看到、聽到、想到、感覺到、聞到、嘗到，或是所思所想、所作所為，所有的心理活動，也就是所經驗到的一切，凡是引起自己注意的，就對它進行描述並且在後面加上「亦是如此」（描述可以是概括性的描述、簡單性的描述）。

練習是針對當下發生的，無論是好的、壞的，或是不好不壞的，凡是引起自己注意的都一律加上「亦是如此」，即使是重複引起注意的，也都同樣加上「亦是如此」。

練習不是為了達到甚麼、改變甚麼、消除甚麼、控制甚麼，沒有任何的目的心，不為達到任何效果，練習就只是表達當下、描述當下而已。也就是說，此刻我們的心在哪裏，就對那裏加上「亦是如此」。「亦是如此」可以在心中描述，也可以說出來，但不要變成空喊口號。

❏ 亦止法練習注意事項

1. 剛開始練習時先從簡單的練起，盡可能不在看電視、看書，或是一件需要你特別專注的事情上練習。

2. 盡可能對當下經驗到的，頻繁地、密集地加上「亦是如此」。

3. 不要刻意區別對待，凡是引起注意的都一律加上「亦是如此」，不要只針對不好的做，或刻意迴避不好的情況。

4. 「亦是如此」就是客觀地了解、知道，是保持正念、覺知的態度。

❏ 亦止法「亦是如此」的起源

「亦是如此」，是觀息法的延伸練習，旨在幫助強迫症患者在生活中能隨時隨地做到順其自然，即平常心，從而改變強迫的心理習性，達到康復。觀息法是正念療法中普遍通用的練習方法，通過觀察呼吸的方式淨化內心，擺脫心理痛苦。它的要領就是發展覺知和平等心，去除貪求、厭惡的心理習性，活好當下。然而，觀息法練習是以靜坐的方式進行的，對於強迫症患者來說，強迫的症狀可能隨時出現，甚至一天中都在強迫；如此，靜坐顯然是不夠的。

多年從事情緒病（包括強迫症、抑鬱症、焦慮症、恐懼症）心理輔導，我一直在探索如何能將觀息法的核心思想覺知和平等心，轉化為一種讓強迫症患者在生活中隨時都可以進行的練習。在反覆探究佛學、道家思想的過程中，我找到了答案。喜歡佛學的人應該都了解過《心經》，儘管只有 200 多字的經文，但言簡義豐、博大精深，包含了很多智慧。其中一句「受想行識，亦復如是」令我茅塞頓開，簡單理解這句話的意思是，無論你產生甚麼感受，甚麼想法，甚麼樣的行為、辨別、認識，就只是這個樣子。

簡單地逐字了解一下「受、想、行、識」的意思。「受」：身與心的感受、感覺。「想」：念頭、想法、妄想。「行」：驅使、行為。「識」：識別、心念。「受想行識」可以簡單解釋為人的感受、想法、行為、識別、心念。

繼續了解一下「亦、復、如、是」逐字的概意。「亦」：也、也是、同樣、就是。「復」：又、再。「如」：好像、比如、假設。「是」：是這、這樣、如此。「亦復如是」可以解釋為就是如此、也是這樣、如此而已、就是這樣，即「亦是如此」的意思。

「受想行識，亦復如是」也就是說，不管我們產生甚麼念頭、想法、感覺、感受、行為，就是這樣而已。沒有我們增加的，也沒有我們減少的，即使產生變化的念頭、想法、感受，也就只是如此這樣而已，這正是觀息法的精髓——覺知和平等心。

亦止法是一種可以隨時隨地保持平等心的運用方法，秉承了老子的「順其自然，無為而為」的思想，是可以快速、直接擺脫強迫的顯著方法。

❑ 甚麼是亦止法「亦是如此」？

「亦」，就是、也是的意思，「止」即不動、不變、停住、平靜的意思。簡單來說，亦止法就是老子所倡導的「順其自然，無為而為」的思想的演化。而「亦是如此」就是做到「順其自然，無為而為」的練習方法。

❑ 亦止法的原理是甚麼？

亦止法的原理很簡單，就是讓心安住當下，保持平等心，沒有了執著、糾纏，就不會有各種妄想（胡思亂想），沒有妄想，就不會再有強迫。

☐ 亦止法「亦是如此」為甚麼能消除強迫症？

從正念療法（內觀）的思想來說，強迫症是心理習性太重，也就是執着心太重造成的。從心理學的角度來說，強迫症與患者的性格特質密切相關，如敏感、多慮、多疑、急躁、追求完美主義等心理模式是造成強迫症的重要原因。兩者思想指向相同。

因此，只要改變患者的心理習性，如貪求、厭惡、敏感、多慮、執着、追求完美主義等特質，強迫症便會得到很好的療癒。

患者表現出的強迫症狀往往是想像、妄想造成的。只有改變強迫症患者的習性思維，使他們安住當下，妄想（胡思亂想）就會停止，如此，強迫的思維、行為也自然就會消除。

當強迫思維或念頭產生時，若你去跟它理論、說教，結果只會陷入無盡的強迫與反強迫的糾纏中無法自拔。多數的強迫念頭或行為，患者是能意識到不合理的，但為何強迫症患者卻又無法控制地「想」或「重複行為」呢？這正是問題的關鍵所在。很多強迫症患者認為，只要消除了這個擔憂或那個疑問，問題

就解決了，然而這只是一個假象；即使解決了這個問題甲，接下來還會遇到問題乙、丙、丁。強迫的模式沒有改變，還會反覆地投射在不同的對象上，讓強迫症患者應接不暇。這也是強迫症頑固的一種表現，強迫症患者往往感到每一個強迫都好像很真實，急於排解，結果就會陷入一個又一個的強迫中無法自拔。

這種怪圈就像一個無底洞，如果用一種理性思維去擺事實、講道理，很多時候，我們只會陷入不斷地糾纏、強迫中，無法真正擺脫強迫症。

有些強迫症的治療方法更多注重強迫的表象，沒有追溯到根源，導致患者難以康復。

對於強迫症的療癒來說，比較顯著的方法是對其表現的強迫思維、念頭、行為，不執着、不糾纏、不評判，強迫就會自動消解。這也正是道家思想「順其自然，無為而為」的道理。雖然道理很簡單，但知道和做到是兩回事，強迫症患者很多時候是不缺少大道理的。如何讓強迫症患者能做到，這才是問題的關鍵。

亦止法「亦是如此」，就是通過實際的訓練，幫助強迫症患者在生活中可以逐漸做到順其自然，活在當下的方法。

在這一點上，森田療法也很好地秉承了這種思想，如果森田療法能有落實到生活中更具體的實操方法，那就很圓滿了。

「順其自然」這個道理，幾乎所有患者都知道，但就是很難做到，否則強迫症就沒那麼難治了。「順其自然」是思維層面的詞組，而「亦是如此」是具體可行的方法。兩者結合，將思維層面的理解轉化為實操方法，並藉助「亦是如此」的練習，讓心回歸當下，逐步做到順其自然；如此一來，強迫思維、行為就會自動停止，強迫症狀就會被阻斷化解。

□ 「亦是如此」是不是一種思想的開導？

我們不要把「亦是如此」當成一種觀念，一種思想的開導或說教，如果那樣的話，它就變成了一種說教工具，這樣毫無意義。當一個念頭「我會不會從樓上跳下去？」產生時，接下來的事情會怎樣呢？

「不會，不會！」

「萬一會呢？」

「怎麼會？我還沒想死！」

「萬一你突然精神失控呢？」

「我怎麼會突然失控呢！」

「你看，你剛剛不是產生『我會不會從樓上跳下去？』的念頭嗎？」

「但這也不是我故意去想的啊！」

「是啊！所以，你看這不就是一種失控的表現嗎？」

「啊！不會吧？這就是失控嗎？真會發生萬一嗎？」

如此的爭論、思考、批判，只會讓我們陷入無盡的強迫中。試圖說服自己內心產生的一個不安的「我」，結果往往是令自己陷入與這個「我」的不停糾纏，甚至是衍生出的多個「我」的糾纏中。這就是強迫症，詭異、狡猾，一變成二，二變成三，三變成四⋯⋯強迫症總能見招拆招，把我們搞得團團轉。

現在你了解到「亦是如此」這個方法，同樣的念頭產生了，你開始展開練習，「我會不會跳樓『亦是如此』。」接着你開始

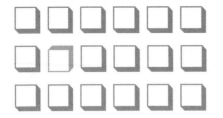

用「亦是如此」去解讀，「我會不會跳樓這就是個念頭，如此而已，它不代表我的真實想法，沒甚麼可擔心的……」不，不要給自己類似這樣的刻意解說，這是評判，是說教。「亦是如此」沒有這些解讀，也不需要這些解讀。「亦是如此」沒有任何評判，沒有任何觀念的說教。

「亦是如此」就只是代表「知道」，就只是如其本來地知道、了解而已。擔心了，也就知道自己擔心了。產生不好的念頭了，也就是知道自己產生不好的念頭了。一切也就只是如此知道，就是「亦是如此」。

強迫症就是不想讓我們活在當下，它太喜歡讓我們胡思亂想了，甚至會令我們忘記當下正在做的事。就像一個學員在同我做電話輔導中，說着說着，突然一愣，說：「我的手機哪兒去了，我的手機哪兒去了？」「啊？難道你不是在用手機和我通話嗎？」我說。

「亦是如此」是不是一種轉移注意力？

「亦是如此」，當然不是轉移注意力。轉移注意力並不能真正

解決強迫，從另一方面來說，轉移注意力往往是一種逃避，是一種排斥、抗拒的表現。但「亦是如此」沒有逃避，沒有排斥，也沒有放任、縱容。「亦是如此」是正面面對，是覺知，是活在當下的過程。當我們的心能持續地安住當下，就不會再有妄想（胡思亂想）；沒有妄想，也自然就不會再有強迫、焦慮及其他種種負面情緒。

「亦是如此」是要控制不去想、不去做嗎？

「亦是如此」沒有任何的價值觀評判，它就是覺知、知道的意思。我們通過「亦是如此」的練習，只是讓我們的心「清楚」當下，「知道」當下而已，這便是覺知、正念，便是活在當下。當我們持續地保持覺知，一些不必要的想法及行為，自然就會減少。長久如此地練習，我們的心將越來越能放鬆、平靜，強迫的症狀也就逐漸消除了。

這個練習適合所有的強迫症患者嗎？

保持覺知，活在當下，是正確的生活態度，是讓我們享有平靜、放鬆、快樂的真理所在。能以平等心面對生活中的盛衰起伏，這樣的一種不執著、不糾纏，懂得順其自然的心態，不正是強

迫症患者要培養的嗎？從普遍的意義來説，這個練習就是一種心靈成長的訓練，我們每個人都應不斷培養平等心，讓自己的生活變得越來越快樂、幸福。這是正確的生活態度，適合所有的人，更適合所有的強迫症患者。

□ 練習「亦是如此」對強迫症會有甚麼效果？

練習會不斷培養我們的平等心，讓我們能更好地活在當下；如此一來，我們的心也就越來越平靜、踏實和放鬆了。內心不再執着、糾纏，自然也就不再有強迫的症狀了。

□ 這個練習會造成負面影響嗎？

練習是幫助我們培養覺知、正念，培養順其自然的心態的，我們只會更好地活在當下。無論是學習、工作、生活，我們都會變得更專注。這是心靈的成長，只會帶來更多的快樂和幸福。

□ 練習時，用去想「亦是如此」的意思嗎？

我們已經了解這句話的意思了；所以，練習時不必再去想「亦是如此」的意思或是帶着理解去看待當下。我們就只是純粹地

用「亦是如此」來表達當下，標記當下而已。如此一來，心就
會被拉回到當下。

❏ 怎麼做這個練習更好？

不要帶有目的心，不貪求任何效果、感覺，也不去排斥、打壓
各種認為是不好的想法、感受及現象。練習就只是描述當下、
表達當下，就只是與當下同在而已。

❏ 每天練習多長時間，甚麼時候練習最好？

活在當下，應是隨時的，我們能愈多地專注於當下的生活，妄想
就會愈少，自然就會享有愈多的平靜和快樂。練習就是為了幫
助我們專注當下；因此，我們應把練習貫穿於點滴的生活中。
只要在能進行的情況下，都盡可能的對當下加上「亦是如此」，
不要把「亦是如此」的練習當成一種練習，一種任務。

「活在當下」，難道是一種練習嗎？這是本該就有的正確生活
態度，而我們對當下加上「亦是如此」的過程，就是活在當下
的過程。起初練習時可以固定時間，練習熟練後，隨時練習，
盡量多做，將練習融入生活。

實操練習

看看強迫症學員是怎麼做的

學員：劉唐（化名），男，41歲

職業：企業高管

症狀：強迫症，主要表現為愛滋病恐懼，廣泛性強迫思維，
　　　強迫症狀有明顯泛化。

以下是一次電話輔導中關於練習指導的片段：

我（示範）：「咽了下口水『亦是如此』，今天的天氣不太好，
霧霾天『亦是如此』，咽了下口水『亦是如此』，看到窗簾
『亦是如此』，地板『亦是如此』，書包『亦是如此』，聽到
關門聲『亦是如此』，做了個深呼吸『亦是如此』，聽到淨化
器的聲音『亦是如此』，看到腳上的鞋『亦是如此』，腳動了
一下『亦是如此』，動了一下手『亦是如此』，眨了一下眼『亦

是如此』，咽了一下口水『亦是如此』，又咽了下口水『亦是如此』，做了個深呼吸『亦是如此』，手指動了一下『亦是如此』，看到電腦『亦是如此』，聽到外面汽車的喇叭聲『亦是如此』，聽到外面的説話聲『亦是如此』，想到一些事情『亦是如此』，鼻子有點癢『亦是如此』，撓一下鼻子『亦是如此』，扭一下頭『亦是如此』，感覺有點口渴『亦是如此』，拿起杯子『亦是如此』，喝了點水『亦是如此』，放下杯子『亦是如此』……好，大致知道怎麼做了嗎？」

劉唐：「嗯，就是對自己看到、聽到、想到的任何東西，就描述一下它？」

我：「就是你的心在哪裏，就對那裏進行描述並且加上『亦是如此』，就是心在關注甚麼，就對關注的東西加上『亦是如此』。」

劉唐：「那假如説，我擔憂一件並不在此刻發生的事情，是將來萬一發生的呢？」

我：「那不也是你當下在擔憂的嗎？你就對當下的擔憂加上『亦

是如此』啊！比如，我在擔心『亦是如此』，我會不會染上愛滋病『亦是如此』，會不會有愛滋病病毒潛藏『亦是如此』，萬一怎麼樣了，怎麼辦呢『亦是如此』，應該不會吧『亦是如此』，並且我也做了檢查，也都沒有問題啊『亦是如此』，醫生也都很肯定說沒問題啊『亦是如此』，但是萬一呢，萬一有漏網之魚，而我就是那個漏網之魚呢『亦是如此』。以此類推，對於你的擔心，你也就像如此這般地加上『亦是如此』。」

劉唐：「嗯。」

我：「但你不用為了做這個練習，而刻意把那些令自己感到擔憂的東西想出來加上『亦是如此』。或像電腦掃描病毒一樣，刻意用『亦是如此』去『殺毒』。練習，是對當下自然發生的，不論是看到、聽到、想到、感覺到、聞到、嘗到，或是所思所想、所作所為，所感知到的一切，凡是引起你注意的，就對其進行描述，並加上『亦是如此』。就是如此操練而已。」

劉唐：「噢，明白。那這個訓練要不要先從生活中簡單的小事做起，有沒有一個循序漸進的過程呢？是不是這樣慢慢就可以

應對自己的煩惱了，才可以運用的更好呢？」

我：「我們就從當下開始做起，就是當下自己的心在注意甚麼，無論是看到、聽到、想到的等等，你的心在哪裏，就對那裏加上『亦是如此』。」

劉唐：「嗯嗯，我明白，這個方法有點相當於『無為』，就是對當下要做到順其自然。」

我：「嗯，那你明白怎麼練習了嗎？」

劉唐：「明白。」

我：「好，那接下來你來練習一下，我聽聽你掌握的情況。」

劉唐：「好。但是我覺得，我説的可能更多是關於我看到的東西。」

我：「那沒關係啊！」

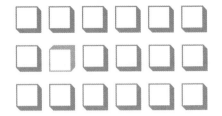

劉唐：「就比如説，我看見一個柱子『亦是如此』，我看見一個垃圾桶『亦是如此』，我看見一棵樹『亦是如此』等等，都是看到的東西。」

我：「如果説當下你的心更關注看到的東西，那你就對看到的東西加『亦是如此』啊。有的人更關注想法，那就對想法加『亦是如此』。有的人可能更關注感覺或是聽覺，那就對感覺或是聽覺上的東西加上『亦是如此』啊。我們不需要刻意選擇，只要心此刻在哪裏，就對那裏加上『亦是如此』。」

劉唐：「噢，明白了。」

我：「好，那你現在開始練習吧！」

劉唐：「行，我看見一個桌子『亦是如此』，我吃飯吃得胃不舒服『亦是如此』，看見幾隻鳥飛過去『亦是如此』，看見有兩個人從樓梯上走下來『亦是如此』，好像在找甚麼目標呢『亦是如此』，我又再看這個桌子『亦是如此』，我在想，我這樣一直練下去腦子會比較累啊『亦是如此』，本來腦子就不停地想，就很累了『亦是如此』。」

我：「嗯，思考才會消耗腦力，只有不停地思考，反覆糾結，才會造成疲勞、痛苦。而『亦是如此』的練習沒有讓我們思考甚麼，就只是讓我們專注當下，就只是讓我們保持覺知，活在當下，怎麼會讓人感到累呢？這只會讓我們放鬆、平靜。」

劉唐：「噢，明白。那您說，我一個人晚上躺在床上，那我做這個『亦是如此』，那腦子裏不得全是自己的想法啊？」

我：「難道你不加『亦是如此』，就不知道自己當下的想法嗎？你仍然是知道的。但加上『亦是如此』會讓你的心保持清醒、覺知，不會陷入想法或感受的一種喜愛或厭惡的習性反應中，簡單來說，有了覺知，就不會陷入胡思亂想中。」

劉唐：「噢，我明白了，這就是促進我活在當下的一種工具，一種方法。」

我：「是的。現在繼續練習一會兒『亦是如此』。」

劉唐：「好，聽到汽車喇叭聲『亦是如此』，看到對面的寫字樓『亦是如此』，感覺胃有點不舒服『亦是如此』，胸口也有

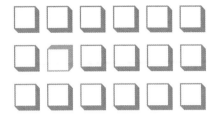

點不舒服『亦是如此』，喇叭聲『亦是如此』，在走路『亦是如此』，走路『亦是如此』，看見一個垃圾桶『亦是如此』，想到裏面會不會很髒『亦是如此』，會不會有細菌呢『亦是如此』，趕緊離遠點『亦是如此』，別讓細菌跑到我身上了『亦是如此』，您看我總是會產生各種擔心『亦是如此』。」

我：「嗯，練習得很好，就是把你的當下，不管是所思所想、所作所為，凡是你正在關注的，都一律加上『亦是如此』，或者說就用『亦是如此』來標記你的當下。我們就是通過這樣的方式，讓心保持覺知的，有了覺知，強迫、胡思亂想就會停止。來，繼續操練。」

劉唐：「謝謝老師的鼓勵，繼續練習『亦是如此』，感覺到陽光『亦是如此』，感覺到微風吹過臉龐『亦是如此』，想到中午要吃甚麼『亦是如此』，吃炒菜還是吃麵條『亦是如此』，不怎麼想吃『亦是如此』，自從有了這個『恐愛』後，對吃的都沒甚麼興趣了『亦是如此』，我還能好起來嗎『亦是如此』，生怕自己好不了，那這輩子就完了，每天都活在這種恐懼下，活得真是太痛苦了『亦是如此』，又看到垃圾桶『亦是如此』，

又想到細菌『亦是如此』，但好像沒有剛才那麼緊張的感覺了『亦是如此』，撓一下鼻子『亦是如此』，再撓一下鼻子『亦是如此』，聽到喇叭聲『亦是如此』，沒甚麼想法『亦是如此』，地面『亦是如此』，瓷磚『亦是如此』，電線『亦是如此』，聞到一股說不上來的味道『亦是如此』……」

我：「嗯，練習得很好，你有沒有感覺，在『亦是如此』的練習下，你不怎麼糾結了，心是『流動』的。就像你剛剛看見了垃圾桶，想到了細菌，但是，在『亦是如此』的練習下，很快就過去了，心沒有陷入裏面，而是活在——你撓鼻子，注意地面、瓷磚、電線等一個又一個的當下。」

劉唐：「嗯，好像是這樣的，我平常遇到這樣的情況會想一會兒的，嚴重的時候會想很長時間，會陷入沒完沒了的強迫中。」

我：「是的，當我們對當下加上『亦是如此』的時候，我們就有了覺知，就能安住當下，活在當下，自然就不會陷入妄想（胡思亂想），沒有妄想，就不會再『編劇本』，就不會再有焦慮、強迫了。」

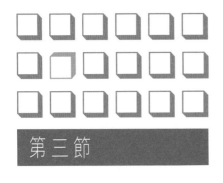

活在當下的「觀息法」

所有的智者都告訴我們要了解自己,唯有真正了解自己,才能解決自己的煩惱。智者們不是只給我們提出一個概念,而是非常務實地指出了道路。當我們從了解自身的本質着手,煩惱、痛苦或是關乎這個世界的種種問題,就一個一個解開了。

人是自然界的一部分,人與自然界是從來都不能分開的。雖然人在自然界面前非常渺小,但人和自然界運行的道法卻是相通的。誠如智者老子所説:「人法地,地法天,天法道,道法自然。」

如何了解自己?唯有從了解自身的本質着手。如何了解世界?也唯有從了解自身的本質着手。

反觀，如何了解自身的本質呢？先從了解身體開始。如何了解身體？先從了解身體感受開始。如何了解身體感受？先從了解身體局部感受開始。那麼又如何了解身體局部感受呢？就從觀察呼吸開始。呼吸裏有大智慧，呼吸裏有大科學。這就是我們接下來要學習的觀息法。

「呼吸」，觀察呼吸，當我們持續地觀察呼吸，心結一個又一個被打開了，痛苦一個又一個被化解了，頭腦清醒了，習性的心改變了。在生活中，我們越來越能保持平常心，活在當下。

☐ 觀息法練習重點

觀息法練習的重點在於培養覺知和平等心。在亦止法中我們講過覺知和平等心，觀息法的核心仍是覺知和平等心，亦止法是觀息法在生活中的靈活應用；兩個方法本質相同，一動一靜，從生活實踐出發，讓我們體會覺知和平等心，做到順其自然。這裏再次強調覺知和平等心的內涵。

覺知：就是有意識、有覺察地關注當下，對當下的發生就只是如此「知道」而已，不評判，不妄想。

平等心：平衡、平穩的心，順其自然、不執着的心。平等心是覺知的進一步強調。

平等心，從練習的小範圍來說，就是不評判、不分析、不思考、不排斥、不糾纏、不聯想、不執着的心。

觀息法中的「息」就是當下的一呼一吸：
觀息法就是以持續專注的心，如實地觀察（覺知）鼻孔的呼吸進出。除了呼吸的進出以外，其他的一切，無論是何種想法，何種感受、感覺都只是對此保持覺知，保持平等心。

☐ 觀息法練習步驟

1. 盤腿靜坐，保持腰背及頭自然挺起，後背不要倚靠東西。手舒服地放好，合上嘴，閉上雙眼。
2. 將心（注意力）專注在鼻孔處，以持續專注的心，如實地觀察（覺知、感覺）鼻孔的呼吸進出。也就是説，持續不斷地專注鼻孔的呼吸進出。
3. 除了呼吸的進出外，其他的一切都不去管它。無論頭腦產生甚麼想法，無論內心產生甚麼感受，還是身體產生甚麼

感覺，不管它們是愉悅的，還是不愉悅的，都只是保持平等心，簡單地說，就是不去管它們。你所要做的就是持續地觀察呼吸的進出，就好像除了呼吸的進出外，其他的一切都和你沒有關係。

☐ 觀息法練習要求

持續不斷地觀察鼻孔的呼吸進出。如果呼吸是明顯的，就是明顯的，如果呼吸是不明顯的，也就是不明顯的，如果感覺不到呼吸，也就只是感覺不到。你只是與你當下經驗到的呼吸現象同在，與實相同在，呼吸是甚麼樣的，就是甚麼樣的。總之，你感覺到是甚麼樣的呼吸，就是甚麼樣的呼吸。

這個練習，需要我們用公正、平和的態度去驗證。你要完全按照這個方法的要求去練習，不要摻雜任何的技巧，就只是如實地觀察（覺知、感覺）自己的一呼一吸，讓呼吸順其自然。
不管呼吸是快還是慢，不管呼吸是跳躍的還是流暢的，不管呼吸是急促的還是緩慢的，不管呼吸是明顯的還是不明顯的，總之，不管你當下經驗（感覺）到甚麼樣的呼吸現象，就是甚麼樣的呼吸現象，你就只是保持覺知，就只是知道而已，以平等

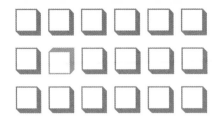

心的原則對待，不做任何的判斷、分別、對比、思考。

不要干擾呼吸的自然流動，讓一切順其自然，你所扮演的角色只是觀察者，就只是如實地觀察呼吸所呈現的樣子，而不是你想要的樣子。

如果你在觀察呼吸的同時，也注意到身體某個部位的感覺，或是頭腦產生的某個念頭，或是外界的某個聲音，你也只是注意到它而已，不用管它，保持平等心，你的注意力焦點只是呼吸。如果你的注意力跑掉了，跑到身體的某個部位或是頭腦產生的某個想法上，或是外界的某個聲音上，你也只是保持平等心，將注意力拉回到呼吸上，如此而已。當我們保持平等心，持續地專注呼吸時，我們就完全活在當下了。

☐ 觀息法練習要點

1. 持續不斷地覺知（專注）鼻孔的呼吸進出，除了呼吸以外，其他的一切都不去管它。
2. 練習中不去尋找任何感覺、效果，也不去排斥任何令自己感到不愉快的現象，只是覺知鼻孔的呼吸進出。

3. 練習的重點在於培養覺知和平等心，不在於體驗到甚麼樣的愉悅感受，不在於達到甚麼、做到甚麼、消除甚麼。

4. 心不斷跑掉是正常的，雜念不斷是正常的，種種不愉悅的內心感受、身體感覺的產生是必然的，你所要做的很簡單，就只是對此保持覺知，保持平等心。也就是說，不去管它們便是，持續不斷地將心專注在呼吸的進出上。

5. 練習中，只要覺察到走神了，陷入思維了，就拉回到呼吸上。心跑掉了，就再拉回到呼吸上，跑掉了，就再回來，如此反覆練習。

6. 練習中盡可能不打開手腳，不睜眼。

❏ 觀息法練習注意事項

1. 當前，盡可能不在室外靜坐練習，外部的氣流會干擾你對自然呼吸的觀察。

2. 不宜在令自身感到緊張或不舒服的環境中練習，這將使你無法沉下心來練習。

3. 不宜在過飽的情況下練習，肚子太飽，會使靜坐變得很困難，並容易出現瞌睡和昏沉的情況。

4. 不宜坐在過於鬆軟的墊子上練習，長時間靜坐，反而會令你感到不舒服。

5. 不必刻意模仿某種靜坐姿態練習，自然盤腿靜坐就好，觀息法練習的重點在於培養覺知和平等心。如果過往有靜坐習慣的人可以保持原有姿態。

☐ 觀察呼吸，是培養平等心的重要工具

觀察呼吸，是讓心回歸當下簡單有效的方法，大多數剛接觸觀息法的人，都會抱怨不是腰酸背痛就是腿腳麻木，不是這裏不舒服，就是那裏不舒服。需要説明的是，除了身體有外力創傷或是疾病的，其他一切的軀體反應都是正常的。

沒有人喜歡痛苦，但是你必須知道，觀息法練習中出現的身體疼痛、瘙癢或種種不舒服的感受，是必然會有的反應。事實上，你就是要藉由這些不愉悅的感受作為工具，來培養平等心，來了知無常法則，進而做到順其自然。

對於疼痛等種種不愉悅的感受，你要做的是持續地保持平等心，也就是説，不去管它，將心不斷地專注在呼吸的進出上。

所有的不愉悅感受都是無常變化的，最後你都會一一克服這些不愉悅的感受，會經驗到無論是多麼痛苦的感受，也都是生起、滅去的無常變化現象。

無論是佛學、道家、中醫還是心理學都闡述了一個基本的事實：身和心是一體的。身體的種種反應與心理狀況是緊密相連的，除了身體的外力創傷或疾病外，練習中所出現的種種身體上的不愉悅感受，都隱含了內心的某種情結。藉由觀息法的練習，我們的平等心得以不斷增長，我們越來越不再糾纏，不再對浮現的痛苦起習性反應，所有的情結、負面的積累，在沒有心理執着下，都將被自動打開、去除，身心變得和諧統一。

自然界中所有的事物和現象，無論是有形的還是無形的，都是生起、滅去的無常變化過程。同樣，我們身心的一切表現也是如此，不是固定不變的。通過持續的練習，身心不斷地對無常變化的體驗過程，就是平等心增長，心得以被淨化的過程。心結被打開，執着被去除。所以，允許疼痛的出現，接受疼痛的出現，一切不愉悅的感受，都是幫助我們去除執着，了知無常，體驗平等心的。

❑ 觀察呼吸，是破除執着心，做到接納的方法

觀察呼吸，心時而躁動不安，時而平靜祥和。這是正常的現象，每一次「風暴」的來臨都是深層習性的浮現，都是一次釋放的過程；換句話說，我們的心就是在這種波動起伏中，不斷突破成長的。無論你練習了多久的觀息法，你都要保持正確態度，每一次練習都是新的開始，與之前的練習沒有關係，不去與之前的感覺做任何的比較。有很多人在之前的練習中體驗到非常好的感覺後，便認為之後的練習也會如此，甚至還期待在之後的練習中有更好的體驗，這是不好的，是執着。

要知道，我們所謂的美妙體驗也是無常變化的現象，無論是讓我們感覺好的還是不好的，是愉悅的還是不愉悅的，都無一例外。一旦你陷入對某種體驗的追求中，執着心便由此生起。用佛家的話來說：「人所有的苦都是來自執着，執着放下得愈多，苦就會愈少。」

執着會控制我們的心，蒙蔽真相，在追求一種好體驗的同時也會令你陷入與之相反的體驗的抗拒中。就像一枚硬幣，正面和

反面是一個整體，你不可能只要正面而不要反面。即使你自欺欺人，但它還是存在的。事實上，硬幣本無正反之分，只是由於我們有一顆執着的心。當你執着一種所謂的「好」，同時你就會執着於消除相反的一種「壞」。你會在練習中有所體會，如果你總想獲得一種好的感覺，當不好的感覺出現時，你就會產生厭惡、煩躁的情緒。

我們都希望獲得美妙愉悅的體驗，這理所當然。我們也可以學着以開放的心去對待一切。當好的感受出現時，我們享受這種愉悅，但我們不執着於讓它持續下去，它是無常的；當不好的感受出現時，我們也接受它的出現，但我們不執着於讓它趕快消失，它也是無常的。當我們以不執着的心去對待人生的盛衰起伏時，自然就能順其自然地做到接納一切，心就會常保樂觀、安定。

□ 觀察呼吸為甚麼可以治療強迫症？

呼吸和心緊密相連，任何一種思想及感受的產生，不管是愉悅的還是不愉悅的，都會顯現在呼吸上。當心中產生負面的情緒時，呼吸就會失去它正常的節奏，變得粗重、急促。當內心平

靜、安定時，呼吸就會變得輕柔、順暢。呼吸就像一面鏡子，如實地反射出我們當下的思想及情緒（感受）。藉由觀察呼吸，我們就是在間接地觀察我們的思想及情緒，觀察這顆心。

觀察呼吸，就只是單純、如實、客觀地觀察，沒有貪求，沒有厭惡、批判，也沒有縱容和打壓，這就是一種順其自然，一種無為的過程。經由持續、客觀地觀察呼吸，負面的情緒就會隨之消失。

這種身心的現象，正如內觀大師葛印卡老師所說：「它就像一個硬幣的兩面，一面是心中生起的思想及情緒，另一面則是身體上的呼吸和感受。每一個思想或情緒，不管它是有意識或無意識的，每一個心理的雜染都會立即顯示在呼吸和感受裏。」「因此，藉由觀察呼吸或感受，你便是間接地觀察心中的雜染，是如其本然地面對實相而非迴避問題。接着雜染就會失去力道，最後煙消雲散，你將獲得安詳和快樂。」

呼吸就像一個身心連接的通道，隨着持續地觀察呼吸，我們就是在不斷深入內心，了解內心。這就像我們在照鏡子，通過鏡

子我們得以看清自己，所有隱藏在心中的情結、負面積累，都會被剝離出來，進而去除，心得以淨化。

簡單來說，強迫症就是過去形成的一種容易敏感、多慮、多疑、不安，容易造成負面情緒的心理習性。在生活中我們不斷地被這種心理習性驅使着，對經驗到的一切不斷起習慣性反應，如多慮、多疑、懊悔、自責、胡思亂想、糾纏、執着等。通過觀呼吸的練習，心變得越來越能專注當下，保持平等心。持續地練習，平等心就會變得越來越強，舊有的心理習性就會變得越來越弱，心理習性愈弱，執着、糾纏的心就會愈輕，強迫症的症狀就會變得愈輕，最終完全消除。

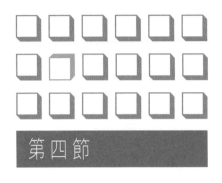

21天自癒強迫症方案及練習指導

在前兩節中,我們學習了亦止法和觀息法。亦止法是一個非常有力量的方法,只要持續、正確地按照方法的要求去練習,強迫的心理就會得以改變,心變得越來越能活在當下,順其自然。而觀息法能讓你深入體會甚麼是覺知和平等心,觀察呼吸也就成為我們修煉活在當下的心的非常實用的方法。

為了能夠更快、更深入地改變深層的心理習性,我們接下來制訂了一個21天自癒強迫症方案,在這個方案中,兩個方法需要每天練習,兩種方法動靜結合,相互補充,能更全面地護持這顆心。

在平常動態的生活中，面對各種紛繁複雜的想法，亦止法可以讓我們的心及時擺脫胡思亂想，安住當下。觀息法以靜坐觀呼吸的方式，讓我們更加深刻地體驗到一切感受及想法的無常變化。我們對感受無常的體驗愈深刻，執着心就會被去除的愈快，平等心就會變得愈強。

我們在練習中能對身心所出現的一切不愉快感受保持平等心時，內心深層的習性（執着、心結、負面情緒）便逐漸被去除了。舊有的心理習性被去除了，我們自然就能更好地活在當下，享有健康快樂的人生。

❏ 一、實施方案的進度及要求

1. 每天練習亦止法、觀息法。
2. 練習分 3 個階段，每個階段 7 天，按照每個階段的進度要求練習，可以多做，但不要少做。每個階段都根據本階段的常見問題，進行分析講解，解答你在練習中遇到的問題，指導你順利走出強迫症。

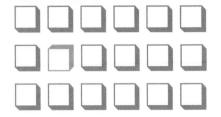

每天按以下進度要求進行練習：

1. 第 1 階段，第 1-7 天，亦止法基礎練習，每天上午、下午各練習 20 分鐘，觀息法每天早晚各一次，每次 20 分鐘。

2. 第 2 階段，第 8-14 天，亦止法提高練習，要達到能夠隨時隨地練習，每天綜合練習時間不少於 1 個小時，且練習次數愈多愈好，觀息法每天早晚各一次，每次練習 30 分鐘。

3. 第 3 階段，第 15-21 天，亦止法強化練習，要更加熟練地隨時練習，每天綜合練習時間不少於 2 個小時，且練習次數愈多愈好。希望在這個階段中，「亦是如此」這個操練能成為一種習慣性反應，一種當下的條件反射，不再是一種刻意去想着練習的練習，觀息法每天早晚各一次，每次延長到 40 分鐘。

❑ 二、實施方案中的注意事項

1. 亦止法練習中，不要摻雜任何技巧，更不要在觀息法練習中對出現的雜念刻意加上「亦是如此」，兩個方法是單獨的，不要一起練習，總之，保持方法的純粹性。

2. 最好時常溫習亦止法和觀息法的要領及要求，從而檢驗自己練習的正確性。

3. 觀息法練習可以早晚各一次，也可以在中午和晚上進行練習，但至少每天練習兩次，每次練習時間按每個階段的進度要求進行，每次練習時間可以延長，但最好不要減少。

4. 如果有時間可以盡量多做，效果和練習時間成正比。

❏ 三、練習指導

第 1 階段（第 1-7 天）

第 1 階段的練習是打基礎的，只有基礎打好了，有了穩定的基石，才能收穫應有的效果。在這幾個階段的自我訓練中，每個階段有不同的目標和任務，也會收穫不同的效果。一分耕耘，一分收穫，你付出多少就會收穫多少。在練習當中，你可能會遇到這樣或那樣的問題，但沒關係，只要你堅定、持續地按照要求去做，你必定會看到希望，最終走出強迫症。下面，我們就來講講第 1 階段練習中應注意的問題。

1. 亦止法練習中的答疑解惑：

「亦是如此」練習是說出來好，還是默念好？

無論是說出來還是默念，都是在練習。只要在練習就是保持覺知，就是活在當下。當然，在起初練習的階段，如果當下的環

境允許，沒有他人或不會妨礙他人的情況下，我鼓勵你更多地說出來練習，聲音大小，可隨意適度，這會讓你更能專注當下，如果環境不允許，那就在心中默念練習。

練習的快慢會影響效果嗎？

練習的快慢無硬性規定，只要是不鬆散、不急促就可以。如果太快，像「趕火車」似的趕時間，這樣會很辛苦，也容易造成急躁。如果太慢或間隔時間太長，覺知就無法持續，很容易落入妄想（胡思亂想）。

對注意到的東西不知怎麼描述或描述不準確，怎麼辦？

我們在練習的要領中強調，對所注意到的現象可以是概括性的描述，簡單性的描述，甚至描述的不準確也都沒有關係，只要我們心裏清楚所描述的東西代表甚麼就可以。練習的目的是通過這種對當下的描述、標記的方式，把心拉回當下，當下是清醒的，是擁有正念、覺知的。

感覺甚麼都加上「亦是如此」很奇怪？

我理解，起初我們在做這個練習時，可能會覺得有點奇怪，就

像有的強迫症學員在輔導中對我説：「感覺有點滑稽、搞笑，有點彆扭……」這很正常，但隨着我們持續地練習，一切就會變得自然、順暢。

可以用其他概念代替「亦是如此」嗎？

最好不要隨意用其他概念代替「亦是如此」。有的學員説：「老師，我可以用『就是如此』代替『亦是如此』嗎？」、「我可以用『順其自然』代替『亦是如此』嗎？」還有學員想用各種自己覺得好的詞來代替「亦是如此」，這是不好的。我們要保持這個方法的嚴肅性，這樣我們才能更好地精進練習。

從「亦是如此」的詞意來説，它是更接近《心經》中「亦復如是」詞意的。之所以將「亦復如是」轉換為「亦是如此」，是為了通俗易懂，方便我們練習。

感覺無法對所有注意到的都加上「亦是如此」，怎麼辦？

我們自然是無法做到對所有注意到的現象都加上「亦是如此」的，要了解練習的要求是為了讓我們認真、盡力。所以，我們只要對注意到的現象，能加上的就盡量加上「亦是如此」就好，要以中道的眼光看待。

從另一個方面來說，練習要求我們對所注意到的現象一律加上「亦是如此」，目的是讓我們能保持一種警覺，一種認真、努力的態度，如此才能更好地專注當下。專注當下，就不再有妄想。不再有妄想，就不會再有強迫、焦慮。如此一來，我們的心自然就會獲得平靜。

如果練習鬆散，有一搭沒一搭地練習，覺知就無法持續，心就無法專注當下，就會繼續陷入舊有的習性模式中，各種強迫、焦慮、抑鬱、妄想就會不斷產生。

如果也沒注意到甚麼或不知道說甚麼了，還用練習嗎？

如果此刻沒有注意甚麼，也就是沒有注意甚麼，這就是你此刻的當下，我們也就是如此表達：沒有注意甚麼「亦是如此」。如果不知道說甚麼，也就是如此表達：不知道說甚麼了「亦是如此」。總之，不管我們當下是甚麼樣，我們都要是清醒的、覺知的；所以，我們要盡可能多做「亦是如此」的練習。

練習中好像不能連貫思考了，怎麼回事？

起初練習時，你可能會感到彆扭、不自然，或是沒有辦法連貫

思考事情，或是有其他種種的不適應，這都沒有關係。當我們的練習熟練了，或練習一段時間後，不再需要刻意去做這個練習的時候，一切都會順暢、自然了。從另一個方面來說，我們在練習中所遇到的一些問題，往往也是我們自身心理問題的一種顯現。這一切也正是我們不斷要克服的，只要持續按照要領去練習，一切都會變好。

2. 觀息法練習中的答疑解惑：

練習時雜念不斷，總是走神，無法專注呼吸，怎麼辦？

觀息法練習時，我們會發現心非常「狂野」，頭腦中雜念紛飛。相干的、不相干的、荒謬的、滑稽的，各種各樣的念頭此起彼伏。不做練習還好，一做練習反而是雜念不斷，內心一片混亂。這正是練習的關鍵，在這裏要說明，每個人練習觀息法都會有雜念不斷的時候，這是正常的現象，不要過分擔憂，愈是這個時候愈要保持平等心，我們就是要藉由觀息法這個練習來馴服這顆心，使它得以淨化，隨着持續練習，心會越來越能安定下來。

所以，練習時，不管產生甚麼樣的念頭，都要最大程度地保持

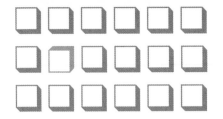

耐心，對一切的想法、念頭，都不參與，不去管它，也就是保持平等心。

要知道觀息法練習絕不是你思考的場所。如果你覺察到心裏的「喋喋不休」讓自己無法專注的話，也不要批判自己，只需要不去理睬那些想法，將心拉回到呼吸上。注意力跑掉了，沒關係，那就再拉回到呼吸上，又跑掉了，就再拉回來；如此反覆，不用為無法持續專注而感到挫敗，這就是練習的過程。隨着持續的練習，我們的心自然會變得穩定，雜念也會越來越少。

觀息法練習能摻入持誦、數息或其他方法嗎？

在我輔導的學員中，有的學員提出想根據自己以往的經驗，在練習中摻入一些其他方法，這樣是不好的。對於觀息法練習，請保持它的本來面貌。我知道有許多其他的方法，讓你在觀察呼吸的同時也在心中持誦或默念某些詞句，或是去觀想某個神名，有的技巧還讓你在觀察呼吸的同時也去數息，把自己的呼和吸合算為一次，每呼吸一次數一個數字，從 1 數到 5 或是數到 10，然後再從 1 開始數⋯⋯

我自己也體驗過這些方法，雖然心可以很容易專注和平靜下

來，但是我仍然不推薦摻雜任何念誦、數息或觀想等方法。如之前我所提到的，諸如此類的方法，容易讓我們生起執着的心。因為這裏面有我們的貪求之心，不能讓我們體驗當下的如實真相，而觀息法就只是與當下的實相同在。因此，就只是去觀察當下如實的呼吸，訓練我們安住當下的心，進而改變我們不斷妄想的心理模式。

練習觀息法時，為甚麼不能思考，也不能睡着了？

在純粹的呼吸觀察中，有兩種情況我們要注意，第一是不要思考，第二是不要睡着了。思考只會讓你的心變成掙脫韁繩的野馬，橫衝直撞，無法安寧。你在平時思考的事情，不要帶到練習中。觀息法練習不是讓你思考的練習，思考只會蒙蔽你的心，使你陷入無盡的糾結中，看不到真相。只有保持平等心才能使你的心安定下來，讓你獲得來自心靈深處的醒悟。想想看，你有多少的心結和情緒，是你通過思考化解的？

再有就是，不要讓自己睡着了，那樣的話，就失去了練習的意義。一般來説，睡着了有兩個原因：一個原因是你分心了，沒有持續地專注於呼吸；另一個原因是你的腰彎了下來，或者頭

垂了下來，沒有保持挺直，所以你容易瞌睡、昏沉。因此，你需要保持高度的覺知，當你發現腰彎下來或頭垂下來時，就再次挺起來。如此，便容易保持清醒。

觀察呼吸時，有時觀察不到呼吸了，怎麼辦？

練習中，有時也會出現這種情況：觀察不到呼吸了。這種情況歸根結底就是你分心了。當然這會有兩種表現，一種是你陷入了飄逸的思緒中，另一種是你強迫自己觀察呼吸的形態。在強迫心理作用下，有時就會出現「視而不見」的感覺，本來你已經觀察到了，但你被自己製造出的感覺欺騙了。

遇到這種情況你可以做 2-3 次的深呼吸，然後繼續專注自然呼吸的進出。倘若仍然是觀察不到呼吸，也沒有關係，那你也就只是對此保持覺知便是。注意，盡量不要頻繁地做深呼吸，你所要做的是持續地觀察自然呼吸的進出，而不是人為刻意地調整呼吸。

練習觀息法的正確態度是甚麼？

觀息法不是嘗試去經驗一些你讀到的、聽聞到的或想像的東

西，而是如實地觀察鼻孔範圍的呼吸進出。除此之外，對其他一切經驗到或是引起注意的事物，就只是保持覺知和平等心。

對身心所經驗到的現象，不管是愉悅的還是不愉悅的，輕鬆地接受，並保持覺知，保持平等心。注意力只是放在當下的呼吸上，不沉湎在有關過去的思想中，不陷入有關未來的想像中。

你是否在貪求、在尋找甚麼東西，是否在排斥、在抵抗甚麼東西；如果如此，這都不是保持平等心。不要嘗試去營造甚麼東西，也不要去排拒正在發生的事情，你只是保持覺知，保持平等心便是。不去期盼任何東西，渴求任何東西，也不去排斥任何東西，抵抗任何東西。否則，你很難進行練習。

觀息法不是要你思考；所以，練習中，不要試圖去想清楚甚麼、解決甚麼、得到甚麼、消除甚麼，不要嘗試去令事情如你想的發生，你只是知道事情如其本然的發生，就只是保持覺知便是。

觀息法練習的重點在於覺知和平等心，對身心經驗到的一切現象，只是如其本然地知道，不參與它，讓一切自由流動。無論

產生何種想法，無論產生何種情緒，也無論身體產生何種感覺，不管它是愉悦的還是不愉悦的，都只是接受它，保持覺知，保持平等心，不去貪求甚麼，不去排拒甚麼。

第 2 階段（第 8-14 天）

練習到第 2 階段時，亦止法提高了練習要求。需要融入生活中隨時練習，不只是固定時間練習了，這就要求你能更加熟練地練習亦止法，不能等症狀出現了再想起練習，而是要融入生活中去做，想起來就做，並且每天綜合練習時間要達到 1 個小時以上。觀息法每天練習兩次，每次 30 分鐘，練習時間可以延長，但最好不要縮短。

在上一階段的練習中，你可能遇到一些問題，甚至想過放棄，但還是堅持下來了，這是你通往成功的第一步，沒有人能隨隨便便成功，想要戰勝強迫症，也是如此。通過一週的練習，你的平等心會有所增長，也或多或少會體會到一些改變，這就是不小的進步。但後面還有一段路要走，需要你更加精進、耐心地練習這兩個方法，不管你有甚麼樣的強迫表現，通過持續練習，最終都可以成功擺脫它，活好當下。

1.亦止法練習中的答疑解惑：

總是會忘記練習「亦是如此」，怎麼回事？

當我們有意識地提醒自己勤加練習時，漸漸地，「亦是如此」就會變成我們的一種習慣反應，不再忘記，並且總能處在「亦是如此」提醒下，保持正念、覺知，活在當下。

只在強迫或不好的時候練習，可以嗎？

如果只在強迫或不好的時候練習，這顯然是一種強烈的目的心、分別心的表現。你想消除它，想得到一種好的效果，但這會變成一種打壓、糾纏，變成另一種強迫，練習的本質是培養覺知和平等心，活在當下的心；如此，內心自然會獲得平靜，擺脫強迫、焦慮。而我們如果只是在強迫或不好的時候練習，這就是一種執着，會令我們陷入對抗、糾纏中。所以，無論好或不好，平靜或強迫、焦慮，我們都要一律同樣地練習。

為甚麼有時的練習反而感覺會打破當下的平靜？

這是我們要面對的過程，就像清洗型的強迫，不能因為害怕上廁所後自己會不停地清洗，就不再喝水。暫時的這種平靜不能代表已經解決問題，並且隨時都可能被一種現象、一個念頭打破。

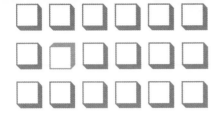

一個頻繁使用的炒鍋，如果長時間未進行深度清洗，鍋壁會沾染很厚的污漬。當我們打算清洗這個炒鍋時，我們會先往鍋中倒入清水，倒入清洗劑浸泡。在我們還未開始清洗前，鍋中的水看上去還是乾淨的，但當我們用抹布開始擦拭鍋壁時，水開始變得渾濁。但我們不會沮喪，不會抱怨「怎麼這麼髒，我還不如不洗了」。我們知道，這是被清洗下來的污漬，這是通往潔淨的必然過程。而我們這個練習也是同樣道理，同樣需要我們以如此態度去面對。

聊天或做事情時，怎麼做「亦是如此」的練習？

在起初練習時，我們可以先在相對簡單的情況下練習，當練習一段時間且已經非常熟練了，就可以逐漸在各種情況下嘗試練習了。

聊天時，如果在聽對方講話，那麼，就對這個聽的過程在心裏進行簡單的默念概述，如「在聽『亦是如此』」或「聽『亦是如此』」。

如果自己在講話，那麼，當自己講完後，可直接在心裏默念並加上「亦是如此」，因為我們講話的過程本身就是在表達、描述；所以，當我們講完後，可直接在心裏默念「亦是如此」。

做事情的時候，如洗手時，就對這個洗手的過程進行描述：洗「亦是如此」，擦點香皂「亦是如此」，再擦點「亦是如此」，洗完了「亦是如此」，關上水龍頭「亦是如此」，拿起毛巾「亦是如此」，擦一下手「亦是如此」。以此類推。描述，可以是概括性描述或簡單性描述，描述可以説出來，也可以在心中默念。

如果我們在某些情況下，沒有辦法練習「亦是如此」，就不用練習，不要逼自己。只要在能進行的情況下保持練習，如此也很好了。

隨着練習時間的推移，我們會發現，我們越來越能在各種情況下做「亦是如此」的練習了。所以，即使在一些情況下沒有辦法進行練習，或不能順利進行，也不用沮喪，只要把簡單的事情做好了，慢慢地，各種複雜的事情也都能做好了。

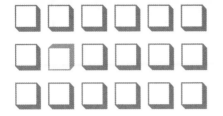

感覺說出來練習和默念練習好像不一樣？

事實上，每次練習的感覺都是不一樣的，即使都是以說出來的方式練習，或都是以默念的方式練習，每次的感覺也都會有所不同。所以，感覺不一樣，也就不一樣，感覺本身沒有好壞，且是變化無常的。因此，我們不去判斷好壞，只是盡量依照要求練習，依照自身當下情況進行練習便是。不貪求任何所謂好的感覺，也不去打壓任何所謂不好的感覺。練習就只是表達當下，描述當下，就只是與當下同在而已。

練習中沒有感覺到明顯效果是怎麼回事？

在本書中，包括在我的輔導中，我都在反覆強調，在練習過程中，不要貪求任何效果、任何感覺。有時我們在練習中會有舒暢的感覺，有時沒有任何感覺，甚至還有可能經驗到不好的感覺，但無論我們當下經驗到的是甚麼感覺，我們也都只是不貪求、不打壓。當下是好的感覺，也就是好的感覺，當下是不好的感覺，也就是不好的感覺，就只是對此保持覺知，加上「亦是如此」而已。

可以省略描述，直接念「亦是如此」這句話嗎？

在起初的練習期間是不可以的。這時我們的心還很動盪不安，心總是會陷入各種胡思亂想中，所以直接念「亦是如此」會使其變成一種口號，一種形式。我們進而無法專注當下，無法保持覺知。

事實上，我們就是要通過如此描述並且加上「亦是如此」的方式，讓心回到當下。道理很簡單，我們描述當下的過程，不就是專注當下、活在當下的過程嗎？所以，起初練習期間，不要省略描述。當我們有了比較平穩的心態或有了很好的平等心時，我們可以靈活些、隨意些，可以省略描述，直截了當地念「亦是如此」。

如果練習過程中感到越來越煩躁、痛苦，怎麼辦？

如果練習中感到越來越煩躁、痛苦，就先暫停練習，當煩躁、痛苦有所緩解或感覺能繼續的時候，再進行練習。但，對於這種情況我們要客觀地省察，練習中是不是有目的心，是不是想要解決甚麼、達到甚麼、改變甚麼、消除甚麼、控制甚麼、驗證甚麼，以上都是一種執着心的表現。當我們以執着的心態去

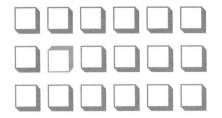

練習時，往往就會造成痛苦。所以，我們要常常反省自己的練習態度，需經常複習亦止法練習的要領及注意事項。

睡覺前或者睡不着的時候，可以做「亦是如此」嗎？

建議在睡覺前，包括在夜晚睡不着的時候不做「亦是如此」的練習。而是更多地去練習觀呼吸（觀息法），具體練習可參見本書中的相關內容。

2. 觀息法練習中的答疑解惑：

衡量觀息法練習的質量和標準是甚麼？

觀息法練習的質量和標準不在於我們去除雜念的多少，專注呼吸時間的長短，也不能單純地以獲得怎樣的平靜或感受來衡量。練習的重點在於覺知和平等心的體驗和增長。

在第 1 階段的練習指導中，我們也講過，在練習觀息法中，頭腦有雜念是正常的，重要的是我們如何處理這些雜念。我輔導的一些學員，經常責備自己練習的不好，頭腦裏雜念不斷，內心不能平靜，注意力總是不能集中在呼吸上，並且專注於呼吸的時間很短。我了解，我最初也是如此，很多人最初也是如

此；然而，練習在剛開始時就是這樣，這是我們必然會經歷的過程，所以不要沮喪。

當前，我們的頭腦就是這樣，雜念不斷，注意力像猴子一樣跳來跳去。上一秒注意力還在呼吸上，也許下一秒就跑到某一個念頭上了，總是「跑來跑去」。注意力剛拉回到呼吸上，沒過幾秒鐘又跑到另一個念頭上了，也許是想到白天單位裏的某個人、某件事，也許是想到剛剛和愛人的一次爭吵，也許是孩子這次的考試又不及格，也許是些陳芝麻爛穀子的事。

總之，不管想到甚麼，不管心多麼散亂跳躍，都不要沮喪，我們所要做的很簡單，只要發現注意力跑掉了，就拉回到呼吸上，跑掉了，就再拉回到呼吸上。除了呼吸以外，其他一切的想法、念頭、感受，我們不參與、不評判，就只是保持覺知，保持平等心。

我們通過練習觀息法，增長內心安住當下的定力，充分體驗甚麼是覺知，如何保持平等心，這才是觀息法要教給我們的。

練習時間增加了，身體疼痛，可以變換姿態嗎？

觀息法練習時身體出現疼痛或其他不愉悅的感受，都是正常的；當然，觀息法練習不是讓我們受虐，更不是要自我折磨。這是一種心靈淨化的修習，是為了讓我們體驗到身和心的無常法則，進而去除心的習性，去除造成的心結和負面的積累，而非自虐。

如果練習中產生的疼痛令你難以忍受，那麼你可以緩慢地調整一下姿態。需要強調的是，除非疼痛讓你無法繼續練習，否則盡可能不改變姿態；這裏所指的是，不打開手腳，不睜眼，頭部和腰部可以小幅度調整。

身體的疼痛，不足以擊敗一個人，但當這種身體上的疼痛加上心理上的疼痛就會將我們擊敗。真正的疼痛來自心理的反應。當我們持續地專注呼吸，並且對一切身體的疼痛及種種不愉悅的感受，持續地保持平等心，不去管它們的時候，心理的作用就停止了。沒有了心理作用的身體疼痛，就像火焰，當不再添加燃料，火焰就會自動熄滅。身與心就是如此交互作用，藉由身體的種種不愉悅感受，不斷培養平等心，去除執着，達到心的淨化。

克服練習中身體疼痛的感受，是非常重要的體驗。我們會體驗到各種疼痛的感受都是無常變化的。當你關注疼痛時，疼痛就會加強；當你不關注疼痛時，疼痛就會減弱，最終消失。隨着持續的練習，你會不斷地體驗到一切的感受都是生起到消失的無常變化現象。你對無常的體驗愈深刻，平等心就會變得愈強。

當我們能對身體上的疼痛等種種不愉悅的感受保持平等心時，我們也就能對生活中一切的不如意、不愉快，保持平等心。事實上，當我們的平等心不斷獲得增長時，以往那種容易「打結」、產生煩惱的心也自然改變了。所以，當練習中出現疼痛的感受時，盡可能不改變姿態，堅定地專注呼吸，保持平等心。

練習時，感覺自己不會呼吸或者在控制呼吸，怎麼辦？

練習觀息法的重點，在於覺知和平等心的體驗及增長。如果在練習中，感覺不會呼吸了，你也只是知道「好像不會呼吸了」；如果感覺是控制呼吸了，你也只是知道「好像控制呼吸了」，總之，你只是與實相同在，經驗到甚麼現象，就是甚麼現象，你只是對此保持覺知，保持平等心。不用刻意去調整呼吸，呼吸一直在那裏，一直在發生，當氣息從鼻孔進來了，你知道氣

息從鼻孔進來了，當氣息從鼻孔出來了，你知道氣息從鼻孔出來了，不做任何的分別、判斷和思考，心持續地跟隨在呼吸的進出上就好。

在整個觀息法練習中，我們的思想就像猴子一樣跳來跳去，一會兒想這個，一會兒想那個，頭腦總是在胡思亂想。但沒有關係，只要發現自己在想了，就保持平等心，將心（注意力）拉回到呼吸上。

我指導過很多練習這個方法的學員，我了解練習並不輕鬆，可能會遇到各種困難。總是有人抱怨，不是腰酸背痛，就是腿抽筋，不是這裏不舒服，就是那裏不舒服，這都是自然的反應。

不舒服的最根本原因就是，我們的身和心都在習慣的模式下打轉，而現在我們所做的事正好違反身心以往的習性，它們當然會開始反抗。身體彷彿會對我們說：「這不適合我。」心也開始抗拒：「這不適合我。」我們會覺得非常不舒服，這是自然的，但慢慢地它們會被我們降服。

起初，我們感到不舒服的原因，是源於這個方法本身。因為我們以往的生活和學習從來沒有允許我們毫不批判或停止思考，就只是去觀察呼吸。而我們現在做的是去獲得一種全新的體驗，當新的體驗模式與舊的不同時，自然會出現種種的衝突和障礙。

當你按照這個方法持續地練習時，即當你開始觀察你的呼吸，只是如實單純地觀察呼吸時，所有的不舒服就開始顯現出來。這個過程有時令你很痛苦，但卻是一個好現象，因為痛苦已經不再隱藏在內心深處。只有讓痛苦、過去的情結浮現出來，強迫才能得以被去除，這就是療癒的過程，與中醫講的「排毒」有相似的道理。

練習時感覺問題更多了，很痛苦，做不下去怎麼辦？

觀息法是一種很特別的方法，隨着我們持續的練習，所有隱藏在內心深處的心結及負面情緒，都將被層層地剝離出來進而去除。

這種負面積累的浮現，不是表現在情緒上的不愉悅，就是反應在身體上的不愉悅。這種不愉悅的顯現，自然是令我們痛苦的，但這就是釋放，就是療癒的過程。從另一個方面來說，練

習中經驗到的痛苦，是這個方法的一部分。我們就是要將種種的不愉悅感受作為工具，來培養平等心，達到心的淨化。

某些時候，在練習中，我們甚至會感到各種問題、各種不愉悅感受蜂擁而至，整個人處在非常痛苦、非常混亂的狀況中。對此，我們必須堅定信心，只要按照方法的要求練習，堅持保持覺知和平等心的原則，就不會有錯。

身心種種不愉悅感受的反應，都只是一次又一次深層積累的浮現。所以，不要動搖，要耐心地、持續地練習，最終你一定會戰勝這一切的。

睡不着時，如何用觀息法來「治」失眠？

很多強迫症朋友都有不同程度的睡眠障礙，如失眠、多夢、入睡困難、睡眠淺、易醒、早醒等症狀。要想改善我們的睡眠障礙，首先要改變我們過去的兩個錯誤認識：一是睡眠是一種自然而然發生的事情，而不是一種「用力」的結果，相反，任何的「用力」都只會使我們變得更加焦慮、煩躁，只會變得更糟糕；二是絕大多數的睡眠障礙是由情緒因素造成的，當情緒穩定了，睡眠問題也自然就解決了。

不管是正常的睡眠還是深度的好睡眠，都必然是平靜、放鬆心態的結果。當我們不再強迫自己入睡，即使遇到長時間沒有入睡的情況，也不會對失眠產生恐懼和擔憂。不陷入胡思亂想，不焦慮，不煩躁；如此一來，睡眠自然會恢復正常。

道理很容易懂，但我們如何做到呢？這正是我們接下來要講到的重點，如何用觀息法來「治」失眠。

我們躺在床上後，要將注意力集中在鼻孔的呼吸上，持續地覺察鼻孔的呼吸進出，對產生的一切想法、感覺、感受，不參與、不評判，進一步來說，不管它、不理它，就只是保持平等心。除非我們睡着了，否則，就要持續地覺察（感覺）呼吸的進出，將注意力跟隨在呼吸的進出上。練習要領同靜坐觀息法時的要領相同，但我們不要求像靜坐時那樣，身體可以變化姿勢。

如果練習中，你很難靜下心來，那就將身體調整為側臥的姿態，左側臥或右側臥都行，以側臥的方式來覺察呼吸的進出。我們必須要牢記，練習的過程就是純粹地覺察（專注）呼吸的進出，而不是為了讓自己能盡快入睡，沒有貪求，沒有排斥。這樣，身心就會變得平靜、放鬆，睡眠就會自然而然地發生。

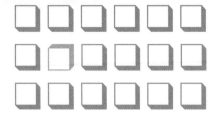

第 3 階段（第 15-21 天）

在第 3 階段的練習中，我們仍然要強調覺知和平等心，這是做到順其自然的核心，也是自癒強迫症的不二法寶。亦止法和觀息法的目的都是培養覺知和平等心，培養一顆能順其自然、活在當下的心，面對人生的盛衰起伏，能保持心的平衡、平穩。

覺知就是知道、清楚、了解。覺知是當下的，不是過去的，也不是未來的，過去的是回憶，未來的是想像。對當下如其本然地知道、清楚、了解，不加評判，就是覺知。

平等心就是平常心，不糾纏、不執着的心，一顆順其自然的心。當愉快的感受產生時，不期盼它持續下去；當不愉快的感受產生時，不期盼它趕快消失，我們需要的是一顆平衡、平穩的心，活在當下的心。

知道並不代表做到，覺知和平等心需要你通過亦止法和觀息法的練習去體會、感悟。只有實操方法，才能明白、體悟甚麼才是真正的「順其自然，為所當為」。這種覺知和平等心的培養，就是淨化內心，改變心的習性模式的過程。所有過去產生的心

結及負面積累，都將在這個練習中得以去除。強迫症狀會逐漸消解，自癒只是時間問題而已。

這個階段，要求將亦止法融入生活中隨時去練習，每天綜合練習時間不少於 2 個小時。觀息法要求每天兩次，每次不少於40 分鐘。

1.亦止法練習中的答疑解惑：

有遺漏或者沒辦法加「亦是如此」，會影響效果嗎？

事實上，我們不可能對所有注意到的都加上「亦是如此」，念頭猶如電光石火，轉瞬即逝。我們所能加上「亦是如此」的地方，也只是冰山一角而已。但這沒有關係，我們只是要通過「亦是如此」這種表達，或者說這種標記的方式，把心拉回到當下。

雖然有很多注意到的現象，可能來不及、有遺漏或者無法加上「亦是如此」，但在做「亦是如此」練習的這個過程中，我們的心對這一切是清楚的、知道的。這便是正念、覺知，活在當下，便是這個練習的最終目標。

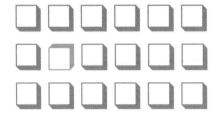

此刻，注意眼前，你會看到很多東西，但可能你的注意力只關注在一個對象上，你對所關注到的對象加上「亦是如此」，如我看到了電視「亦是如此」。這一刻，雖然你只是描述電視並且加上「亦是如此」，但在這個標記、描述的過程中，你不只是知道電視的存在，和電視一同出現在你視線內的東西，你也都是知道的。

因為，你是覺知的，是活在當下的。活在當下，不是片面，而是全有，是同在。雖只是描述當下其一，但心是當下的全有，是當下的同在。通過對當下的標記、描述，從而專注於當下。看到的是這樣，聽到的、想到的、感覺到的、聞到的……皆是同樣道理。

練習會讓自己關注不好的想法或感受，怎麼辦？

難道我們不做「亦是如此」這個練習，就可以躲避掉所產生的不好想法或感受嗎？這是不可能的。當我們有不好的想法或感受出現時，即使我們沒有做「亦是如此」這個練習，我們同樣也是會關注到的。

問題的重點恰恰在這，如果我們沒有覺知，我們就很容易陷入所產生的不好想法或感受的糾纏中無法自拔。但如果我們是保持覺知的，心就是安住當下的。活在當下的心不會落入胡思亂想中，沒有胡思亂想就不會再有強迫、焦慮。而「亦是如此」練習的過程就是幫助我們保持覺知，活在當下的過程。

同時注意到很多東西，應該先對哪個加「亦是如此」？

如果同時注意到很多東西，我們可以這樣概括性地描述練習，如看到很多東西「亦是如此」。如果是對此產生了判斷，應該先對哪個加「亦是如此」，我們同樣也就對這種判斷加上「亦是如此」，如，應該先對哪個加「亦是如此」、「亦是如此」。

甚麼都加上「亦是如此」，會不會讓自己變麻木了？

不會的，練習只會讓我們變得清醒、覺知，可以更加客觀、理性地看待事物，會讓我們變成一個健康的、情感更豐富的人。我們在對當下描述並加上「亦是如此」的練習過程，就是一種對當下保持覺知的過程，就只是讓我們專注當下。試問，活在當下，保持覺知，怎麼會讓人變得麻木呢？

感覺好像在刻意地為練習而練習，有點不自在？

起初練習的過程中，我們會有這種感覺，但練習一段時間後，或當我們練習得很熟練的時候，一切都會變得舒暢、自然。如果讓一個習慣講方言的人說普通話，開始他會有一些不習慣，甚至是不舒服，這是正常的。任何一種舊習慣的打破，開始都會不習慣，但慢慢都會變得自然、流暢。這個練習也是一樣。

只在感覺不好時想練習，平時想不起來，怎麼辦？

在感覺不好時想到「亦是如此」這個練習，這自然也是好的，但我們要求無論在好與不好時，都要想到「亦是如此」。「亦是如此」練習的過程，就是覺知、活在當下的過程。

覺知應是隨時的，應是越來越能持續的。當我們能更好地保持覺知，活在當下，我們的心就會處在平靜和安定中。如果我們只在不好的時候想到去練習「亦是如此」，這就容易造成執着，一種排斥、打壓的對抗，這是厭惡心的表現。

平靜時還要做「亦是如此」的練習嗎？

如果我們只是在產生不平靜或不好的感覺時練習，顯然，我們

是帶有目的心的，是為了消除當下的不平靜，這會讓我們變得執着，容易造成更強烈的情緒反應。

練習是為了幫助我們保持覺知，活在當下；如此一來，內心自然享有平靜。活在當下，應是隨時的。平靜時練習，會讓我們變得更平靜且保持覺知；不平靜時練習，會讓我們及早擺脫不平靜。在覺知和平等心的保持下，我們不再陷入強迫、焦慮。所以，無論是平靜或不平靜，都要進行練習。

達到甚麼狀態，就可以不用練習「亦是如此」了？

如果我們吃飽飯了，我們自然就不會再吃了。同樣的道理，當你的心理達到一種平穩的狀態時，你自然也會感覺到。你能感覺到，即使你不練習「亦是如此」，你也可以是覺知的、專注當下的，這個時候，自然也就不需要練習了。

好了之後，「亦是如此」會不會變成口頭語了？

不會的，正如一個腿骨折的人，雖然在恢復期間他會借用拐杖來保持平衡，但當腿好了之後，拐杖自然就會被放下。

2. 觀息法練習中的答疑解惑：

觀息法練習多做會有壞處嗎，可以一直做下去嗎？

觀息法是淨化心靈、修身養性的一種非常好的方法，持續地練習會讓我們的身心變得越來越健康和諧。練習做得愈多，我們的心就會獲得愈多的平靜，試問，平靜又怎麼會有壞處呢？它只會讓我們擁有一個更健康的身體。

身體每天都需要補充食物，只有這樣才能保持能量的平衡，同樣的道理，每天練習觀息法，也正是對心靈的滋養，維護心靈平衡的過程。我們的身心會因持續的觀息法練習變得越來越健康和諧，我們會變得越來越自在快樂。對於這麼好的一個方法，我們應該終生保持練習，讓它為我們的人生保駕護航。

觀息法練習時，打嗝、放屁、抖動是怎麼回事？

練習中，身體出現任何不自主的反應，比如麻木、抽動、抖動、搖擺、打嗝、放屁或是其他種種身體反應，都不必擔心，不管是甚麼樣的反應，我們也就只是對此保持覺知，保持平等心便是，仍然持續地觀察呼吸的進出。當然，如果當下的身體反應

令你難以承受，可以稍作調整或暫停，當緩解之後，繼續保持練習。

練習中，如何對待愉悅的感受？

有些人在觀息法練習中會經驗到種種愉悅的感受。可能是身體上種種愉悅的感受，如清涼、流暢、輕鬆、消融等。也可能是心理上種種愉悅的感受，如平靜、安詳、放鬆、喜悅等。然而，無論是身體上還是心理上出現種種愉悅感受，你都要保持平等心，不去迷戀它們，要知道這些都是無常的。愉悅的感受和不愉悅的感受本質是一樣的，一切都是無常變化的。

以了知無常的心，對待一切愉悅的感受，保持平等心，不去執著於它們，讓它們自由來去。如此，我們才不會失去心的平衡。即使當愉悅的感受消失時，我們仍然擁有一顆順其自然、安穩的心。

觀息法為甚麼需要精進練習？

任何的成功，都是持續不斷努力的結果。蜻蜓點水，或是三天

打魚兩天曬網，是不會獲得成功的。我們所進行的是一項非常偉大而殊勝的任務，是關乎我們要過甚麼樣的人生的任務。幸福、自由、快樂、安定是每一個人根本的人生訴求，但它們來自哪裏？這一切不在外在，都在我們的內在，在我們這顆心中。好好地去修我們這顆心，一切的美好都將像泉水一般，由心而發。

走出強迫症後，還需要練習觀息法嗎？

好了之後，我們可以靈活、隨意一些。從內心成長的方面來說，我們應不斷增強覺知（正念），提升生活的智慧；如此，我們才能更好地活在當下，享有更多的平靜和快樂。所以，這個練習始終可以用來修煉我們的內心。

❏ 四、總結及建議：

21 天的自癒訓練堅持下來，就是個不小的進步，這種堅持對我們而言非常寶貴，我們應該給自己點讚。只要我們持續正確地練習，我們的強迫就會獲得不同程度的改善。有的人強迫明顯減輕，有的人強迫稍微減輕，差別一定會有，畢竟每個人強

迫的輕重程度不同。雖然如此，但只要我們堅持練習這兩種方法，最終，我們都是可以完全走出強迫症，獲得全新的自我。

一個成功的人，必定是一個能堅持的人，也一定是可以掌控內心的人。通過 21 天的自癒訓練，我們邁出了成功的重要一步，但接下來，我們仍然有一段路要走，繼續耐心地、堅持地練習才可以幫助我們到達最終的目標。

為此，我希望你在 21 天的自癒訓練結束後，亦止法和觀息法的練習要在第 3 階段的練習要求下繼續練習，並且要循序漸進，增加練習的時間。亦止法練習每天最好能達到 3 個小時以上，可以融入點滴的生活中，做到隨時隨地練習，達到習慣反應的狀態。觀息法練習每天不少於兩次，每次最好能做到 1 個小時。直到我們完全走出強迫症，我們就可以自己把握這兩個練習，少做或不做。

第三章

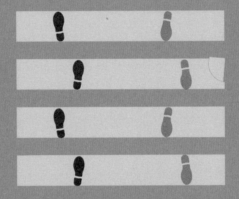

我們
都一樣

—— 你的煩惱我都懂

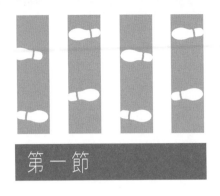

不一樣的**掙扎**，
一樣的**篤定**

很多強迫症朋友會在網上對照自己的症狀類型，你也會這樣嗎？那麼，你是哪種類型？哪種強迫表現？是強迫思維，還是強迫行為？還是強迫思維、強迫行為都有？強迫的類型雖然可以分為強迫思維和強迫行為，但嚴格來說，強迫思維和強迫行為是無法分開的。有強迫行為就一定會有強迫思維，當強迫思維發展到一定程度就會導致某些強迫行為。

強迫症的表現千奇百態、無所不有，任何一種現象、情況都可能變成一種強迫。常見的強迫症狀表現有反覆清洗、反覆檢查、反覆確認、窮思竭慮，有計數式、循規蹈矩式、刻板教條式、某種特殊情結障礙、重複某些動作、擔心疾病、擔心隱私洩露，等等。再具體一些，如口水強迫、餘光強迫、社交恐懼、幽閉恐懼、密集恐懼、死亡恐懼、瘋狗症恐懼、愛滋病恐懼、各種災難恐懼等等。強迫症的表現可能是任何一種情況，也可能是各種的「稀奇古怪」。當強迫症發展到一定程度後，就會全面泛化，最後往往就是甚麼都強迫。

「比較少見的強迫表現，是不是比較難治？」
「病程時間比較長的強迫，是不是比較難治？」
「廣泛性的強迫，是不是比較難治？」
「全面泛化的強迫，是不是比較難治？」
在輔導中，常常有強迫症學員這樣問我。強迫症，雖然會有各種表現，但強迫症的本質是相同的，心理運作的模式是一樣的。不管病程時間是長還是短，症狀是單一性還是多樣性，或是各種奇怪式表現，只要在正確方法的指導下，最後都是可以完全康復的。

本章，我挑選出 6 個具有代表性的強迫症案例，都是摘選於我的輔導案例，分別以「對話」和「學員自述」的方式展開。其實可以有更多案例分享，但那樣的話這本書就變成講故事，而不是講方法了。其中的案例，也許和你的情況相似，也許和你的情況不一樣，但我想，病友的那種強迫心理，那種內心的不安、衝突、掙扎、糾結、無奈等痛苦，大家是一樣的。希望你能從中獲得一定的信心，從而更好地練習本書的方法，直到自己完全走出強迫，擁有嶄新的自我。

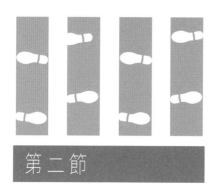

第二節

我的生活
充滿了「萬一」

❏ 導讀：

每個人在生活中都會擔心一些「萬一」的發生，這種擔心是一種自我保護，或者說是我們平凡人的一種趨利避害的防範意識，這是一種正常的反應。但如果一種「萬一」的邏輯讓自己的心無法停止，不斷陷入一種或多種無法自控的狀態，那就是一種非正常的表現了。以下對話中的這位學員，就已經有一種強迫症的表現了。

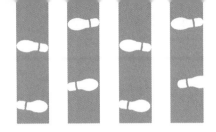

❑ 對話：

他（學員）：「我平時是一個很膽小、謹慎的人，這種膽小、謹慎體現在生活的各個方面。比方説，擔心窗戶開關壞掉，外面的灰塵進來，或者是下雨天，雨水會跑進臥室裏把一些重要的東西淋壞了。整個人變得非常緊張，總會反覆囑咐父母不管晴天還是雨天，都不要開臥室的窗戶，甚至會在紙上寫大字『千萬不要開窗』，貼在牆上提醒他們。」

我：「嗯！」

他：「這種緊張、焦慮也會表現在其他方面，像電視劇中的一些情節、字眼，如強姦、調戲、強暴、猥褻，還有性虐待、變態等，別人可能聽到就過去了，而我就會非常不舒服。「還有像罵人的話進入腦袋裏，我就會判斷對哪些人不能説這些罵人的話，對哪些人可以説這些罵人的話。那萬一我對不能罵的人，罵了這些罵人的話，對該罵的人卻沒罵這些罵人的話怎麼辦？萬一我罵了家人，然後導致家人吵架、打架，最後想不開跳樓自殺怎麼辦？我會產生這一系列恐懼的想像。」

我：「嗯，你總是會擔心、想像有各種不好的事情發生？」

他：「是的，總是會擔心各種『萬一』，感覺自己有無限的『萬一』。」

我：「嗯，你有分析過自己的問題嗎？比方說，自己為甚麼會變成現在這樣？」

他：「有，我在網上看過很多東西和一些相關的心理學書，我覺得我的問題和自己的性格有關係，我的性格就是愛胡思亂想。」

我：「嗯！」

他：「還有就是，我曾經歷過一次比較大的打擊——被學校休學了，心裏難受了很長時間。」

我：「嗯，你這種強迫、焦慮的情況有多長時間了呢？」

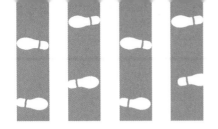

他：「從高中時就有了，現在讀大二了。」

我：「這期間有治療過嗎？」

他：「有，但沒有太大效果。不過我最近發明了一種針對強迫、恐懼的自我暗示法，好像有一點效果，但是我還是想從老師您這裏接受全面的心理訓練。」

我：「好啊！那我讓你做啥，你就得做啥（故意調侃）。」

他：「哈哈，一定，一定，只要能讓我好，讓我幹啥都行。還有就是我和人說話時，總是要反覆確認。老師上課講幻燈片時，別的同學拍一遍就行了，而我要拍七八遍，甚至更多遍才能停下來。問一句話，一定要問『是不是、對不對』。當然，在外面我不敢反覆這樣，我知道外面的人肯定不會讓我一直這樣問，更多時候是向家人，向爸爸、媽媽、嫲嫲、外公、外婆一直問。」

我：「嗯，你覺得不去問，不去求證的話，心裏感到不安，不

踏實，不舒服，是這樣嗎？」

他：「對，對，對！」

我：「嗯，我理解，還有嗎？」

他：「還有，我會給家人定一個規則，就是以後不要把牙籤或是帶棱角的東西放在水杯的旁邊，萬一哪天這個東西跑到水杯裏，萬一誰用這個水杯喝水就會被嗆死，我覺得這是很容易發生的危險，每天都會再三叮囑家人。

還有，我會叮囑家人，以後出門都要自己帶鑰匙，回來自己開門，我在家裏也是不會給他們開門的。他們向我保證了會帶鑰匙，但我還是不放心，讓他們寫在紙上，包括一些規則也都寫在紙上，讓他們完全按照規則一條一條去做，特別是不能讓我開門。」

我：「嗯，為甚麼不能讓你開門呢？」

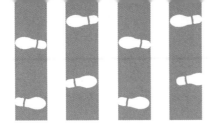

他：「我是這樣想的，萬一我在做功課，或是在睡覺，或是在很投入地做一件事情時，那如果他們回來時叫我開門，我要是忘記給他們開門的話，怎麼辦？那萬一我沒聽到，他們就會不斷地敲門，一百次、一千次地敲，那不是要累死了！萬一精神失常了，萬一跳樓自殺了，萬一搞恐怖襲擊，萬一行兇殺人了，萬一死於非命，怎麼辦？頭腦就開始控制不住地胡思亂想，心裏非常焦慮，整天都是提心吊膽的。於是，我就讓他們寫在紙上，並且發誓，出門一定要帶鑰匙，每個人都要帶鑰匙。所以，千萬不要指望讓我開門。」

我：「嗯，你是擔心自己會發生某些不可預測的狀況，而沒有辦法給他們開門，是這樣嗎？」

他：「對，對！」

我：「嗯，我能理解你的這種心情，還有哪些表現呢？」

他：「還有很多；比如，聽老人們說不能誹謗佛祖神靈，否則會有罪惡的。如果誹謗的話，就會遭到懲罰，遭到滅頂之災，

家破人亡，那就完了！所以自己就非常緊張，就害怕自己在寫字、說話或想法上，有誹謗、不敬神靈的做法。自己就會反覆地回想檢查：寫字時，有沒有不小心寫了誹謗的話；說話時，有沒有不小心說了誹謗的話；想法上，有沒有誹謗的話。搞得自己非常緊張，非常痛苦。」

我：「嗯，我明白，之前也有學員和你一樣有類似的這種強迫，我讓他通過訓練，就只是專注當下，不評判、不參與這種擔心的想法，最後他克服了這種強迫。其實這只是念頭而已，不代表甚麼，也沒有好與壞，只是我們這種不安的心被『抓住了不放手』，不斷地糾纏，胡思亂想，以至陷入無法自拔的強迫中。」

他：「是的，老師，但我也試過『不評判、不參與』這種做法，森田療法講的『順其自然』也是這個意思，但我做不到。現在這種誹謗佛祖的擔心倒是減輕了一些，主要是現在有其他更嚴重的擔心了！」

我：「嗯，轉移了。」

他：「呵呵，對，對，我的擔心總是會變。當出現一個更讓我擔心的東西時，之前的擔心就好像被掩蓋了，變得不那麼重要了。」

我：「對，這是強迫的一種表現。」

他：「說起這個，我好像又開始要擔心了，老師那你說，像我這種不由自主地產生對佛不敬的念頭，會不會遭到懲罰啊？」

我：「不要擔心，佛和一切神靈代表的是愛、慈悲、寬容，是真理的化身，是來解救普羅大眾痛苦的。另外，你所謂的不敬念頭，其實也就是一種強迫的症狀表現嘛！」

他：「啊！那太好了，可算鬆口氣了，謝謝你老師，感覺心踏實多了。」

❑ 結語：

念頭本身不代表甚麼，更沒有好壞對錯之分，問題是我們對此
所產生的喜好厭惡的「執着心」。一切的念頭、想法皆是產生
到消失的無常變化現象。當我們產生一種不好的想法或一種強
迫思維時，只要保持平等心，持續地保持平等心，心就會漸漸
地平靜下來。

通過近一年時間的心理訓練（主要方法：亦止法、觀息法），
這個學員的心態有了很好的改變，強迫症狀基本消除。雖偶爾
還會有強迫的念頭出現，但不會影響到自己的正常生活和學
習，他已經學會了保持平等心。

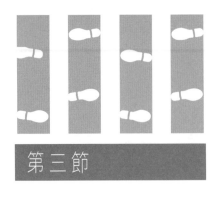

「洗不完」
的醫生

□ 導讀：

究竟是甚麼原因讓一個人半年沒出家門？不曾想，她卻只因一些「莫須有」的恐懼不敢出門。老公和兒子無法理解，常人更是無法理解。對於自己的恐懼，胡君（化名）也常常認為不合理，但她總是邁不過心理上的那道坎，抵不住心中那個總是不安的感覺。

最初清洗從 5 分鐘、10 分鐘，到半個小時、1 個小時，直到筋疲力盡，甚至暈倒。清洗用品，從肥皂到洗手液，再到消毒液，胡君的身體不知脫了多少層皮，裂了多少口子。身心俱疲的她多次想過結束自己的生命，解脫痛苦，但每當想到可愛的兒子，想到年邁的父母，她還是苦苦掙扎着，期望有一天奇蹟發生，噩夢醒來。

對她而言，生活中到處潛伏着細菌、病毒，稍不留神就會被感染。按理說，她應該有一定的常識，畢竟她還是一名醫生。但似乎一切的理論常識都不管用了，而且，知道得愈多，害怕就愈多。不管做多少次的合理分析，面對心中那個不安的感覺總是會敗下來，因為那個感覺總能夠見招拆招。這就是強迫症，一種無法自控的感覺、想法、行為，不斷的自我內耗。很多時候自己明明知道，但就是無法擺脫。

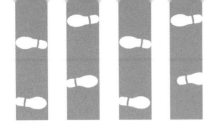

❑ 對話：

胡君：「自從聽到奶奶說老爺在一個表姐家吃完飯回來之後，就一直咳嗽，半個月都沒好，我就崩潰了，我無法控制自己不去想，『老爺是不是染上了甚麼傳染病之類的疾病，會不會傳染給我，會不會傳染給我的兒子和老公？』雖然我是醫生，也覺得自己的擔心很荒唐，但我就是無法控制自己。再後來，我的擔心已經是無所不在了，見甚麼都會擔心，都會不停地瞎想。有一次老爺來我家吃飯，我心裏特別痛苦，特別不想讓他在我家吃飯，我倒不是心疼飯錢，說實話我也是很孝順的人。」

我：「嗯，你是擔心你老爺把你給傳染了，是嗎？」

胡君：「哎呀！就是這樣的李老師，您說得太對了，我就是擔心老爺把我給傳染了，把我的兒子和老公都給傳染了；但又不能不讓老爺在這吃飯，就感覺災難馬上就要發生了似的。當時整個吃飯的過程都不知道是怎麼熬過來的，所有的注意力都在老爺身上了，老爺還一直在說：『別老看着我啊，你也吃啊。』他哪裏知道，我在恐懼他啊！

李老師您説我還吃甚麼啊？整個人完全都處在恐懼中了，不停地注意老爺是怎麼挾的菜，有沒有在兒子和老公這邊挾菜，有沒有碰到兒子的筷子，兒子有沒有在老爺那邊挾菜，老公有沒有在老爺那邊挾菜……我都説不出當時的那種崩潰的感覺了，滿腦子都是各種恐怖的想法。每一次老爺挾菜，就好像菜裏被放了毒一樣，那種痛苦，就像一次又一次的用刀在我身上割。

老爺吃完飯走了後，我就把所有用過的餐具放在洗碗盆裏用洗潔精不停地洗，可是怎麼洗都覺得洗不乾淨，就怕病毒洗不掉。然後，我又用消毒液泡洗，從下午一點多一直洗到四點多，控制不住地洗，愈洗愈不放心。然後又突然想到，自己怎麼能把兒子和老公用過的碗筷和老爺用過的碗筷混在一起洗呢？也許老公和兒子的碗筷沒有染上病毒呢，這麼混在一起洗不就徹底給染上了嗎？於是，心裏又開始極度地埋怨自己。」

我：「我理解，這就是強迫的症狀表現。」

胡君：「洗到最後，我還是擔心洗不乾淨，直接就把所有用過

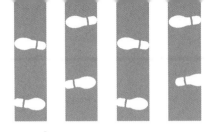

的碗筷都給扔了。李老師，我看過您的故事，知道您曾經也得過強迫症，也正是因您也經歷過這種病，所以我才找到您。但我敢說您肯定沒我的嚴重，我覺得我是最嚴重、最痛苦的。」

我：「我理解你的心情，其實每一個找到我的強迫症學員都認為自己是最嚴重的，我曾經也是如此，雖然強迫症有輕重程度之分，但就強迫症所帶來的痛苦來說，每一個人都是一樣的。不管強迫是怎樣的嚴重程度，強迫的心理表現是相似的，只要按照正確的方法去做，最後都是可以好起來的；所以，只要你堅定不移地照着正確的方法做，最後你一定會完全走出強迫的。」

胡君：「真的能好嗎？我現在感覺自己好像好不了。」

我：「不用擔心，這種感覺會改變的。」

胡君：「自從這次老爺來我家吃飯之後，各種各樣的擔心就像被捅了的馬蜂窩一樣，到處都有。有一次我去超市買東西，正好看見老爺推着購物車買東西，當時我就像被雷劈到一樣，一

下子就把手裏的購物車推開了，腦子一下子就冒出很多擔心，『我推的這個車，他是不是也摸過，病毒會不會沾在扶手上，我摸過這個扶手了，病毒會不會沾在我手上了……』其實理智上也覺得這種擔心是多餘的，但好像有一種感覺就是放不下，就是會有各種萬一的擔心，不斷地在做安全分析，然後又不斷地否定結論，就是這樣翻來覆去地想。最後，乾脆啥也不買了，直接跑出超市。

本來想啥也不買了，直接回家，但想到孩子回家得吃飯呢，我就開車去別的超市。到了超市門口，我就進不去了，又想起了這事，就想這個超市老爺是不是也來過，是不是也摸過購物車，賣的東西是不是也都被摸過。然後又想不太可能啊，這家超市離老爺家挺遠的，他不會坐這麼遠的車來這邊的，接着立刻就又有一個想法，萬一哪天這家超市搞促銷活動，老爺沒準就過來了。就是這樣一個又一個的擔心不停地冒出來。」

我：「嗯，理解，強迫症就是這樣沒完沒了地騷擾你。」

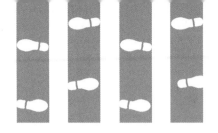

胡君：「是呀，就像狗皮膏藥一樣怎麼撕都撕不掉，然後又想即使老爺沒來過，那其他有傳染病的人來過，超市這種地方是甚麼人都會來的，又沒有像過安檢大門的那種健康篩查，說不定哪個有傳染病的人就把甚麼細菌、病毒帶到超市裏了。想到有些病毒是會通過飛沫傳播的，一想到這些，感覺心就要蹦出來了。」

❏ 結語：

自從胡君進行了亦止法和觀息法的練習後，各種奇怪的問題也逐漸向我問的少了，因為她知道這都是她的強迫表現。處理這類問題的最好方式就是用平等心不斷地接納，做到順其自然。半年多以來，雖然也經歷多次的「暴風雨」，但每一次經歷過後，她都變得更有定力。最後一次的輔導中我們聊的還是強迫，與過去不同的是我們在分享心得，分享強迫帶來的人生感悟。沒錯，她已經完全好了！

一個博士的「恐愛」

☐ **導讀：**

強迫症中有一種非常頑固的強迫，那就是愛滋病恐懼。在我的輔導案例中，這種症狀的患者還真不少。

正常人會很納悶：「你恐懼個啥？你和愛滋病人接觸了？你感染愛滋病了？」

這還真不是三兩句話能說清楚的。從我接觸的「恐愛」案例來說，案例中的他們並沒有感染愛滋病，也沒有事實證據證明他們與愛滋病病人及相關的人接觸過，都只是自己的一種臆想。但對於「恐愛」強迫症的朋友來說，他們的恐懼不是空穴來風，是有理有據的。他們無法跳脫「萬一」的邏輯怪圈，無法自控。

🔲 對話：

他（學員）：「我目前的症狀是恐懼愛滋病，恐懼得沒邊沒樣兒了，覺得到處都是愛滋病病毒。其實我學歷也挺高的，可是要是身上有傷口了，就會不停地去包紮。最討厭的是，你可能都沒有聽說過，有一種治療愛滋病的阻斷藥，就是說在你有可能感染愛滋病病毒的情況下，及時吃那個阻斷藥，就能阻斷。阻斷藥按理說吃 8 天就足夠了。我大約是從去年這個時候就開始吃了。去年有一次出差去外地，我住在一個有點偏僻的酒店裏，晚上睡覺前，也不知道怎麼想的，就在浴缸裏洗了個澡。

這一洗就壞了，回來之後，就開始反覆擔心，擔心這個浴缸之前有愛滋病病人用過，有愛滋病病毒殘留在浴缸上，然後經由皮膚毛孔進入我的體內……愈擔心，就愈控制不住地在網上亂搜，然後搜到了阻斷藥。吃了這藥就完了，停不下來了，就好像不吃這藥就要得愛滋病了。其實，吃了也還是會擔心，只不過吃了感覺有點安慰。」

我：「嗯，我理解，不吃是萬分擔心，吃了是十分擔心（半開玩笑）。」

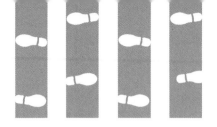

他：「呵呵，是的，您説得太對了。雖然吃了這種阻斷藥，但還是不放心。我就經常到醫院去問醫生，醫生很明確地告訴我不可能感染的。有一個醫生非常好，幾乎把愛滋病的傳播途徑及性質都給我講遍了，為的是讓我放心。但最後我還是放不下心。

我在想，這個醫生會不會對愛滋病病毒還有不了解的地方，會不會存在一種變異的愛滋病病毒，即使沒有性方面接觸，但也會通過間接方式被感染，那萬一我就染上了這種病毒呢？」

我：「嗯！」

他：「其實，我也知道自己的這種想法有點荒唐，但我就是控制不住地這麼去想，似乎總有種感覺在提醒自己一切皆有可能。」

我：「嗯，我明白那種感覺。」

他：「我真是恨我當時怎麼就要在那個浴缸泡個澡呢？不然哪有這些事。整個人天天就尋思着愛滋病，着魔了似的。」

我：「嗯，不要再悔恨過去。洗澡只是一個誘發事件，只是一種表象，沒有這個問題甲，還會出現另一個問題乙。我們強迫的心被壓抑到極點的時候，就會從生活中的某些方面爆發，就像積漲的洪水總會從河堤的薄弱處撕開口子一樣。回想一下你的過去，在某些方面是不是愛糾結，也容易敏感、多慮，或者說比較愛追求完美主義？」

他：「嗯，我倒是一個比較愛亂想的人，也比較愛追求完美主義。但以前不會像現在這麼控制不了啊！」

我：「是的，那是因為過去的負面積累還沒有超出你的心理極限啊！」

他：「我明白您的意思。其實理性上自己也知道不會染上愛滋病，但心裏面總有一種『萬一發生了，怎麼辦？』的感覺。就像您說的，一想到『一切皆有可能』就完了，就感覺像要發生了似的。後來嚴重的時候，就那個愛滋病阻斷藥我一天吃三次，正常來說，那藥一天吃個一兩次就行，我為了讓藥勁猛一點就搞個一天吃三次。吃得我呀，整天暈乎乎的，感覺大腦都

遲鈍了。

本來有一小段時間，通過吃藥和採取各種防護措施，感覺自己不那麼擔心了。但我為了萬無一失，又跑到醫院做了一次愛滋病檢測。這一次檢測直接讓我崩潰了。李老師我跟您講，恐愛期間，我到大大小小的醫院也做了很多次檢測，但這一次檢測後，不知道為甚麼，感覺心裏僅存的一點安全防線徹底崩塌了。

做完檢測後，我還沒有走出醫院，心裏突然就產生了擔心，剛才檢測的時候有沒有接觸到護士？她身上會不會攜帶愛滋病病毒呢？哎呀，萬一她身上攜帶病毒怎麼辦？萬一正好把我給傳染了呢。本來我可能都沒有感染的，並且也都做了各種防護措施，結果因為做檢測，被護士給傳染了，這多悲哀啊！一切努力不都前功盡棄了。然後，各種擔心、想像就停不下來了。」

我：「是的，你看，強迫症多狡猾。」

他：「是啊，跟真的似的。因為是傳染病病房的護士嘛！所以，我想她們會接觸到各類傳染病病人，也一定會有愛滋病患者。沒準，在某種情況下，護士也被愛滋病病人傳染了。檢測回來的第二天我就徹底不行了，感覺整個世界都變了，圍著這個房間的到處都是病毒，門都不敢開了，房間內的東西都不敢碰，嚇得要死。感覺人都沒有理智了，穿很多層衣服，把自己捂得嚴嚴實實的，感覺這樣能抵擋一些病毒似的。

後來慢慢恢復些理智了，就逼自己幹活，轉移自己的注意力；結果，總是不小心地不是把手劃破了，就是把哪裏磕破了，然後就不停地消毒、包紮。擔心病毒從傷口進入，繼續吃阻斷藥，就這樣沒完沒了。」

❏ 結語：

很多強迫症患者認為，「我消除這個擔心了，我想清這個問題了，我解決了這個問題，我確定了……我就好了。」但最後他們不斷陷入這種模式中，不斷在一個又一個的問題上強迫。他們不清楚這些看上去的問題，往往只是強迫心理釋放的一個煙霧彈而已。真正的問題不是來源於外在，而是來自他們這顆不安的心。

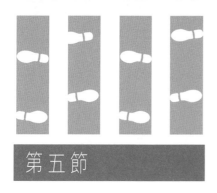

第五節

我和頸椎病「杠」上了

❑ **導讀：**

強迫症的詭異及頑固，就在於它總是會表現在一些看來具有現實性或具有預見性的災難上面；比如，對疾病的擔憂。

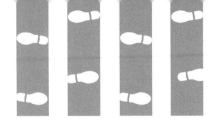

❑ 對話：

他（學員）：「我突然怕這世界上的一切東西，感到自己好像被深深的束縛在一個圈子裏動彈不得，舉步維艱，感覺自己罪孽深重，身上背負了太多太多的東西，感到虧欠了父母和其他親人太多太多……」

我：「嗯，慢慢講。」

他：「我每天糾結、矛盾，對死亡充滿了無盡的恐懼，每天擔心親人、親戚、朋友等會死亡。聽到某人死亡的消息更是嚇得渾身發抖，萬分恐懼，不敢面對一切。總是開心不起來，無法做到活在當下，每天腦子裏不是過往的痛苦回憶，就是對未來無盡的擔心。

迷失了自我，迷失了方向，不知道該怎麼生活，不知道自己想要甚麼，不知道自己下一步該往哪裏走。每天腦子裏亂成一鍋粥，情緒變化無常，腦子裏時而都是過去的事，讓我悲傷不已，以淚洗面；時而為過去所做的事深深自責，痛苦不堪。無盡的恐懼和擔心，胸悶、心悸、胃難受，慢慢地，我對一切似乎失

去了興趣，甚至沒有了活下去的勇氣。」

我：「嗯，這種情況是從甚麼時候開始的呢？」

他：「2014 年的時候，有一天我莫名其妙地頭暈，難受不堪，直到有幾日清晨睡醒時感覺脖子僵硬、轉頭困難，轉頭時還伴隨『咔咔』的清脆響聲，我感到有些恐怖。我意識到我的脖子可能出現了問題，自此以後，我就開始關注我的脖子了。我在網上查閱相關資料和治療方法，反覆分析自己是如何患上頸椎病的。經過分析，一是從西醫角度來講，這個病與我本身的工作和我個人的壞習慣有很大關係；因為我長期趴在電腦前打字又不注意坐姿，睡覺枕頭過高。二是從中醫角度來講，腎主骨，可能與我長時間熬夜，過度腦力勞動，長期跟隨上司和朋友、同學喝啤酒，導致腎虛有關。

我：「平常人總覺得患強迫症的人就是捕風捉影，毫無依據的胡思亂想，沒有理性。其實還真不完全是這樣，關於不安，他們能給你舉出很多例子。我常想如果強迫症者參加辯論大賽，沒準就是『天才辯手』。」

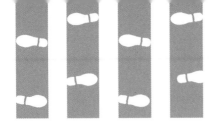

他：「我在當地醫院拍了 X 光片，顯示頸椎生理曲度變直，記得當時拿到片子後想，才三十來歲的我患上了中老年人才容易患的病，心情有些失落。有一天在電視上看到一個賣頸椎枕的廣告，就馬上去購買，心想以前喜歡睡高枕頭，現在換個枕頭可能就會慢慢好起來。可是沒想到，連續枕了幾次那個枕頭後，脖子的響聲更大了，早晨起來頭暈脖子僵硬讓我更加難受。但是，我還是抱着一絲希望。」

我：「嗯，我理解。」

他：「後來我在網上一查，和頸椎病的症狀都對得上號，感覺這惱人的病怎麼就偏偏患在我的身上，心情糟糕透了。但有病就得治病，我抱着有病治病的態度，一邊做朋友建議的頸椎操，一邊在網上搜各路專家和頸椎病患者關於頸椎病治癒的方法。

從那時起，我有空就在網上查看關於頸椎病的相關知識，查看各路專家的建議，自己幾乎對頸椎病知識了解得相當全面。自己注意頸椎病不說，還提醒朋友防範頸椎病，用朋友的話說，

我都成了『半個專家』。感覺自己的生活除了頸椎病就是頸椎病，沒別的了。

我：「沒錯啊，專家就是這麼練成的！」

他：「哈哈，我可不想練成這樣的專家，太受罪了。」

我：「我明白。」

他：「就是特別擔心頸椎病，一天到晚研究，後來又忍不住到醫院去檢查。檢查結果是頸椎生理曲度變直，椎間盤個別地方膨出，我當時腦子懵了一下，問了骨科大夫，記得那個年輕的大夫說沒事，回去注意就是了。

坐在車上，一路心情時好時壞，好的是椎間盤是膨出，不是突出，壞的是頸椎生理曲度變直了，三十來歲的小夥子患上了中老年人患的病。回到家後，我心想，我的人生不能被頸椎病給毀了。我就開始了各種治療，像中藥熱敷、針灸、牽引，還有電腦中頻理療、醫師推拿按摩，嘗試了各種方法。心裏跟着了

魔似的，一邊做各種治療，一邊又不斷地上網查詢更好的辦法。」

我：「嗯，我了解，在那種情況下，我們往往已經無法自拔了。」

他：「是的，整個人每天都特別緊張。本來我對頸椎病還沒有到非常擔心的程度，但自從到網上不斷去了解相關的知識後，就變得越來越害怕了，控制不住地去對號入座，還去對照那些極端不好的情況，你說氣不氣人！」

我：「嗯，非常氣人。」

他：「特別是有一次看到網上一個說法─頸椎病如果不及時治療可能會造成癱瘓，嚇得我腿都軟了。你說，頸椎病還沒讓我癱瘓呢，卻先把我給被嚇癱了。」

我：「是啊！心理的作用很強大，疾病往往不可怕，可怕的是我們心裏的恐懼。」

❏ 結語：

對於像擔憂疾病、疑病性這類問題的表現來説，重點問題已不是判斷或治好這個病，而是這種反覆擔憂、糾纏、檢驗等強迫的心理。如果這種不安、強迫的心不改變，就總會處在對這個病或那個病的恐懼中無法自拔。

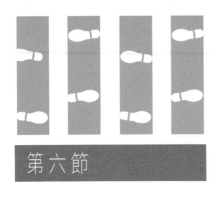

我會不會得
瘋狗症？

❏ 導讀：

說到強迫症，你會想到甚麼？反覆檢查門窗、水龍頭、燃氣閥門？反覆清洗、不停思考、循規蹈矩？你也許還會想到很多的強迫現象，但你所了解的往往只是一些典型的、常見的表現。強迫症的表現可謂無所不有，千奇百怪，任何一種情況、現象都有可能引發或造成強迫。就像下面這位學員的強迫，很可能令你難以想像，但強迫症就是這樣，你不能以一種單純的、理性的，或正常的思維去看待強迫的症狀。因為絕大多數的強迫症患者並不缺少我們通常所認為的那種理性思維和大道理，我們主要是要看到強迫症患者在強迫下的那種不安的心理和情緒。

☐ 學員自述：

我的心理障礙是由於我非常恐懼瘋狗症而引起的。那還是在我小時候，以現在的經歷看，那時應該就有比較輕微的恐懼、多慮和強迫的症狀。記得在十幾歲的時候，我看了一部電影叫《神秘的大佛》，那上面一個蒙面人的嚇人狀和他用刀挖掉老和尚眼睛的殘忍狀，使我看過電影後害怕了一段時間。那段時間裏我恐懼、害怕，晚上怕一個人待着，想和比較多的人待在一起。同時還懼怕廟裏的菩薩。隨着時間流逝和自身閱歷的增加，這種害怕、恐懼才慢慢減輕，直至消失。

在我上高中時，有一次我回家時，遇到一個鄰居瘋狗症發作。聽別人說那人是在一個人家裏做木工時被那家人養的一條小狗咬傷了腳，當時他沒在意，一段時間後就染上了瘋狗症。那人發病後幾天就死去了，他發病時的那種癲狂和恐懼狀，我只是聽人描述過，未親眼見過，只是聽過一次那人發病時夜間在田野裏狂奔亂叫的聲音。記得那時是冬天，我的父母都緊閉房門，不讓人出去。那件事後，當時我沒有產生對瘋狗症的恐懼感，只是跟平常人一樣有正常的害怕感覺，也有可能自那時起我心裏就埋下了對瘋狗症特別恐懼的根源，也有可能有其他原因。

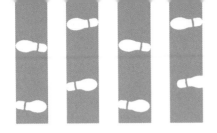

我開始工作幾年以後，不知甚麼原因，對瘋狗症的恐懼心理就逐漸表現出來。有一天晚上睡覺，我夢到自己似乎被狗咬了，第二天醒來，總是想夢中似乎被狗咬的事，想了大概幾天後，我便強制自己去防疫站打了瘋狗症疫苗的預防針。從那時起，我逐漸在心理上加重了對瘋狗症的恐懼感，一年比一年嚴重，到現在為止，已持續了大約有 10 年的時間了，特別是最近這兩年，我心理上那種對瘋狗症的恐懼感更嚴重了。

記得大概是在 8 年前吧，我住的地方不遠處有一座大臥佛的廟宇，一次與人去玩，便學人家那樣給佛上了香，在點香時有炷香沒有完全點燃，我離開時發現這炷香熄滅了沒有燒完，便疑心佛會怪我，會不保佑我，甚至會害我。我於是便連續幾天到那裏給佛燒香，每次都要買門票，我又心疼錢，每次燒香後我都不滿意，想去但又不想去，可不去又覺得佛不滿意。如此痛苦地折騰了大約 10 天時間才算完結。

現在我看到狗就怕，甚至看到畫上的狗也有一種恐懼感，家裏有一條小狗圖案的毛巾我都不想用，我現在可以說是「談狗色變」。在街上，如果遇到狗，我總是遠遠地躲着繞道走。有時

在街上，如果一條狗從我身後經過，走到我前面我才看到，我便懷疑這狗碰到了我，於是便擔憂，回到家以後，馬上把衣服換掉。如果狗從我身後經過走到我前面時我才看到，一會兒後，我如果發現腳上或腿上有一丁點的破皮，便疑心與剛才經過我身邊的狗有關，總是擔憂、害怕，於是便到防疫站騙醫生說自己被狗咬而打了預防針。

我這種害怕甚至牽扯到人，我口腔潰瘍時不敢與人聚餐，怕同桌的人中有人被狗咬過，或是有人家裏養有狗，或是有人帶有瘋狗症毒。有時與人聚餐，吃有骨頭的菜時，嘴被骨頭硌痛了，便懷疑口腔被弄破，於是又擔憂和害怕起來。經過一段時間的痛苦掙扎後，又去騙醫生說被狗咬而要打瘋狗症的預防針。如此這些我所認為的危險情況，在平時又常遇到，於是經常去打瘋狗症疫苗的預防針。在近十年的時間裏，具體打了多少次，已記不清了，反正打了很多次。打針時又心疼錢，但又總想打，同時我還怕去打瘋狗症預防針的地方，因為覺得那裏經常有真正被狗咬的人出入；所以每次都在害怕、恐懼和心疼錢的複雜心理中打完了針。

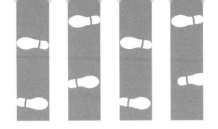

現在防疫站的醫生都認得我，都認為我打針太多了，都不願給我開單了，於是有幾次我便跑到其他離得較遠的防疫站去打針。現在我怕到養狗的人家裏去，怕和家裏養狗的人在一起。我對面鄰居家裏養狗，每天早晨上班開樓下公共門時，我都要拿一張紙把門把手蓋住，因為我怕鄰居家的人走在我前面剛摸過門把手。

我怕與人聚餐。別人用手指沾了嘴唇後翻過的書、資料，我怕碰到，不得已碰了，我便立即清洗。我還怕其他的動物，我認為幾乎所有的動物都與瘋狗症有關。在街上，如果樓上人家有水滴到我身上，我便疑心這人家裏養狗，那水含有瘋狗症病毒。東西掉地上了，我也怕，怕這地方有狗走過，更怕狗的唾液掉到這地方。與人談話時，總怕別人說話時的唾沫飛到我身上，特別怕飛到我的皮膚上，如果飛到我身上有傷口的地方，我就更害怕了。

我怕到公共場所，怕碰到別人，怕別人碰到我，總懷疑別人家裏養狗。在公司，家裏養有狗的同事我是不讓他碰我的，他摸

過的東西我也是不敢碰的。我所認為的這些危險情況，經常發生，每次都很痛苦、恐懼，整日整夜地想，根本睡不好。實在堅持不下去了，便又去打預防針。

這種對瘋狗症的懼怕心理，還會讓我想到家人，特別是家裏的孩子，他們如果遇到我認為的那些所謂危險情況時，我也是一陣擔憂。由於我長時間帶着這種恐懼、擔憂的心理生活，我睡眠很不好，感覺全身機能下降，經常頭痛，全身酸痛，頸肩背痛，消化功能也很差，頭髮也白了不少。我曾到醫院做了很多項檢查，未發現問題，糊裏糊塗地吃了很多藥。

每晚睡覺前，我總是反覆地檢查家裏的煤氣開關是否關好，明明是關好的，還要去關一下。回到家裏，每摸到從外面帶回家裏的東西就去洗一下手，總怕手上沾了不乾淨的東西。在生活和工作中，總想事事追求完美，我還總疑心別人對我不好，工作中如果有一點兒小失誤，總擔心上司會怪罪。

❏ 結語：

記得一個康復了的強迫症學員在最後一次輔導中這樣說：「苦難是上帝給我們的一種被偽裝了的祝福，是對我們的整個世界觀的一次修補，讓我們更加明白生命的意義，更加珍惜人生的過程。但這一切需要我們去接受磨練，如此，我們才能更好地笑對人生的點點滴滴！」

經過近一年的亦止法和觀息法的練習，這個學員擺脫了對瘋狗症的恐懼、強迫，整個人的思想觀念獲得了很好的改變。用他的話說：「現在的我和過去的我已經判若兩人了，沒想到這種恐懼、強迫消除的過程，就是我人生思想的轉變過程。」

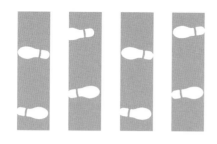

第七節

沒完沒了地檢查，反覆不斷地確認

☐ 導讀：

反覆地檢查、確認、思考、判斷……這一類的重複性行為和思維，在強迫症中是最為常見的表現。很多時候，強迫症朋友認為，問題排除了，想清了或解決了，就沒有問題了，心就踏實了，但這一切往往都是一種強迫的「誘惑」。雖然，有時這樣的做法在當時獲得了一定的疏解。但從整體情況來看，強迫的模式並沒有改變，強迫的症狀反而在日後的生活中會變得更加嚴重。

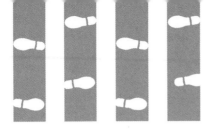

☐ 學員自述：

如果把人比喻為一台電腦的話，那麼，我的眼睛就像是個搜索器，而大腦就是個處理器。因為敏感，搜索的範圍就廣，眼睛關注過度，結果大腦這個處理器得不出結論，就會出現各種不確定性。每天從早上醒來到晚上睡着，極其簡單的生活瑣事對我來說也難到了極點。

我對一切都會產生質疑、強迫，吃飯時不僅要反覆換碗，換筷子，還要反覆調整坐姿，一旦坐好了後，整個吃飯的過程，身體就基本保持不動，怕身體亂動對消化不好。

對吃的東西會反覆地想能不能吃。比如，吃的東西在菜市場裏有沒有老鼠爬過，萬一有鼠疫怎麼辦？飯菜搭配不當，吃下去會不會中毒？有時甚至對陪伴我的父母都會產生一種強迫性思想，這是我的爸爸嗎？這是我的媽媽嗎？雖然我理智上清楚他們就是我的父母，但就是無法控制這種思想，非常痛苦。有一段時間，為了避免吃飯這個過程所產生的強迫，我每天只吃一頓飯。

我不管在哪裏，在幹甚麼都會產生強迫。出去旅遊時，怕地震塌方，穿涼鞋怕被狗咬，買菜買水果又擔心有農藥，吃了有「疤」的薯仔怕中毒。在公共場所，身體經過之處，不能接觸到任何物品，擔心染上細菌，要反覆確認安全距離，有沒有碰到東西，有沒有在自己不注意時碰到東西，搞得自己非常的緊張和痛苦。

在家裏總是會反覆確認和檢查，水龍頭有沒有關好，燃氣閥門有沒有關好。出門總是懷疑自己沒鎖好門，有時即使走出來很遠也要跑回去確認。諸如以上的情況還有太多太多，我還會不停地想像各種可怕場景，就像放電影一樣。

很長時間以來，我的生活是每天除去睡覺的時間，其他的時間都用在打遊戲上，感覺遊戲可以暫時讓我忘掉痛苦。我可以不刷牙、不洗臉、不洗頭，覺得幹這些瑣事會造成很多的強迫，大量的時間都被強迫佔據了；所以乾脆就不做這些瑣事了，耽誤時間。還有最痛苦的是上廁所，需要花很長時間，擔心各種細菌、髒東西碰到自己。

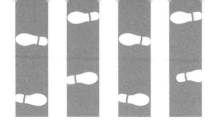

生活上也有很多教條化、程序化的表現。衣服必須放在一個位置。蓋的被子不是兩頭的嗎？但我必須永遠用一頭，而且睡覺的時候，永遠是在右邊，感覺心理平衡一點。很少在左邊睡覺，或者是平躺，感覺左邊睡覺肯定會有不好的事情發生。而且睡覺之前，衣服必須擺好了，被子睡覺前是怎樣醒來還要是那樣，於是，一宿都不敢動。

❏ 結語：

強迫的某些行為，在日常生活中你我的身上，都可能出現過，
如檢查門鎖、看看天然氣開關、反覆地洗……所謂的「強迫問
題」是非常普遍的，每個人在生活中都可能會遇到，也不排除
多次出現的情況。

但如果類似的這些表現會耗費我們大量時間，會給我們的生活
或工作帶來很大的煩惱，那就是一種強迫的症狀表現了，就需
要引起重視，並積極地調整，以避免發展到嚴重的程度。

第四章

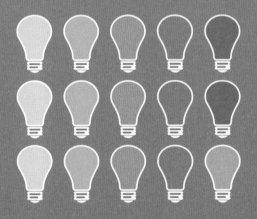

好了 我們都好了

—— 我們同病相憐

加油吧，朋友！

應李老師的邀請，我決定寫下這篇文章。李老師覺得我的練習和努力超出了他的想像，我也深切感受到自己的變化。為了幫助更多的朋友，我決定利用零碎時間在手機上用便籤的形式寫出我的感受，希望能給正在受精神折磨的朋友們一點鼓勵和感悟。

先說説我的成長經歷吧，這樣能幫助你們更好地了解我和我的練習，正確看待你們自己和你們的練習。

我出生在一個鄉鎮中學教師家庭中，父親是校長，母親是普通老師。父親是那種工作中不苟言笑，一心撲在事業上的人；母親是那種很傳統的女人，沒有太多主見。而我生性比較膽小，同時內心又很要強，追求完美，也是受大環境的影響，總想甚麼都拿第一，給父母爭光。

小學時，我還比較正常，有時調皮搗蛋，學習成績也還不錯。小學畢業時，我得了嚴重的鼻竇炎，很嚴重的那種，每天幾乎只能用嘴呼吸，睡覺時都需要張着嘴，鼻子裏都是膿血和發臭的分泌物，必須不停地用紙巾擦拭，還伴隨着頭疼。上課時，我更加難受。為了不讓同學們看我笑話，課堂上我經常趴在桌子上或者用手捧着鼻子。

醫生説只有做手術才能解決我的問題，但由於我年齡太小不能做手術，只能採取保守治療；於是，每個月都要去醫院做一次穿刺，把鼻竇裏面的腐爛物抽出來，吃各種醫生推薦的藥，那時每天都過得很痛苦。父親也為我尋找各種辦法，又是工作又是為我操心。就這樣初中三年，鼻竇炎折磨了我三年。

❏ 自我封閉自責自卑

從初中開始，我就慢慢自我封閉，自責自卑，常常感歎命運的捉弄，經常自言自語咒罵自己是廢物，懲罰自己不吃不喝，幾乎不與任何人説話，連和父母也沒甚麼交流。在這種身心備受折磨的情況下，我還是希望能考個重點高中給父母爭光。在這種身心備受摧殘的情況下，我的成績還經常保持年級前三名。

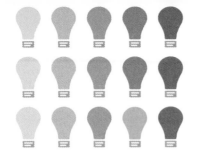

初中三年就這樣過去了。2005 年 6 月，我在這樣一種身體折磨和精神折磨的情況下還是以年級第二考上了重點高中，高一只讀了半學期身心就堅持不住，休學了，那時已經有新技術可以做更好的手術了。於是，父親帶我去醫院做了手術，住了兩個星期的院，原本以為手術做完我就恢復健康了，可是由於這幾年的自我封閉和自責自卑，我的鼻竇炎雖然好了，內心世界卻坍塌了。

❑ 害怕交流遠離人群

休了一年學後，我繼續讀高中，那時居然還有考名牌大學的夢想。我想着鼻竇炎好了，終於可以好好吃飯，好好睡覺，好好學習了，可是事情不是我想的那樣，從高一開始我就發現自己已經有點害怕與人交流了，害怕人群，害怕別人的眼光，而且出現了嚴重的強迫行為和思維，看書也常常是只能盯着一個字而視線不能移動，很痛苦。寫字時手會發抖，睡眠質量也是極差，還會做各種可怕的夢，不敢去食堂吃飯，只能等同學們吃完了一個人去食堂吃冷飯冷菜，偌大的食堂就我一個人。我的食慾也是極差，吃甚麼都如同嚼蠟，也不敢去操場做運動，人多時下樓梯雙腿還會發抖，站不穩，只能扶着牆慢慢走。我也

不敢去廁所，只能等沒人時去，更不用說與人交流了。

你可以想像一下我那時每天的生活狀態，如同地獄般黑暗。父親帶我去醫院檢查，醫生說是抑鬱焦慮症，開了很多很貴的西藥，每個月都去醫院拿藥，說堅持吃幾年就好了，就這樣吃着藥每天還要重複過去的生活。

我一直對藥物能夠治好我的病抱有期望，但病情並沒有任何好轉。期間，父親帶我去各地尋找方法，尋找更好的藥物，後來父親實在沒轍了就四處求神拜佛，能想到的辦法他都不計代價要試一下；比如，找大師畫符驅鬼，吃土醫生開的各種藥。那時父親常說只要治好我的病，讓他拿命換，他也馬上答應。

我勉強堅持到高三上學期，實在忍受不了，每天都是恐懼、驚慌、焦慮、強迫，吃不下飯，睡不着覺，經常有自殺的想法。我告訴父親我不想讀書了，我就想好好休息，與世隔絕，就這樣我回家了但沒有退學。學校同意我回家自修，於是我就在家裏自修，但是已經談不上是學習了，只能逼着自己勉強看看書。

高考時，我堅持去參加了，不過考下來人也虛脫了，每一場考試都讓我像大病一場一樣。我強迫焦慮，讀題目時視線都不能往下移動，就用手指着一個字一個字讓視線慢慢移動。寫字時，我的手抖得不行，我就使勁用手握住筆，試卷都被我寫破了，考下來渾身是汗，考完一場都要拉肚子，那時胃腸功能已經嚴重紊亂，就這樣我勉強考進了大學。

高考結束後，同學們都是各種放鬆遊玩，而我只能待在家裏忍受身心折磨，看個電視都不行，總是會有強迫思維，吃好飯、睡好覺對我來說是奢侈的事情。其實父母從我高中開始就不再要求我成材了，只希望我身心健康，可是我已經被強迫焦慮完全掌控了，軀體反應也讓我備受煎熬，腸胃幾乎隨時隨地都在漲疼，動不動就要拉肚子。由於長期焦慮緊張，幾乎每次拉肚子都會見血，多次去做腸胃檢查也沒有發現甚麼問題。

我的體質也非常虛弱，瘦骨嶙峋，可能一個星期吃的東西都沒有年輕小夥子一頓吃得多。平時，我就連上上網、打打遊戲都是各種強迫焦慮，堅持不了多久就要拉肚子，幾乎甚麼都做不了。現在想想我都佩服自己的毅力，居然活了下來。

我那時常常會冒出自殺的想法，但又覺得走了對不起父母，所以堅持活着。有幾次父親開車帶我出去散心，讓我來開車，我握着方向盤滿手冷汗，總是想往懸崖下開，我就使勁把着方向盤。沒開多久我就對父親說：「我不能再開了，開車太累了，腦子裏總是有不好的想法，我還得逼着自己不按照腦子裏面的想法來。」父親聽後也是難受。

❏ 負面思想縈繞腦海

我在家裏也不敢往陽台上站，每次站到陽台上往下看，就有想跳下去的衝動，這種感覺很強烈，遇到這種情形我都會馬上從陽台離開，怕控制不住自己。父親知道我這樣有時也會偷偷流淚。我也常常想，父親這麼受人愛戴，這麼優秀，可是為甚麼會有我這樣的兒子，難道這就是命，是父子相尅嗎？我可以一死了之獲得解脱，父母呢？每每想到他們的不容易，我就發誓一定要活着，活着就有辦法。説真的，我的生活狀態常人難以想像，精神上的折磨我相信你們是深有體會的。

高考後的暑假就這樣結束了，我準備迎來大學生活，想着讀大學了，沒壓力了，可能我慢慢就好了吧。

值得一提的是，我的藥物治療沒有斷過，每個月都需要高昂的費用。我的家境算不上好，父母都是普通的老師，幾次想放棄吃藥，都被父親制止了。醫生說吃藥要吃很多年，父親讓我堅持，不讓我為錢擔心，可是高中已經吃了幾年了，沒有甚麼改善。

❑ 瞳景大學生活

2008 年 9 月，我懷着複雜的心情去陌生的城市上大學，考慮到我的身心狀態，父親執意送我去。我那時想，可能到大學多參加活動、多鍛煉，我的病就會慢慢好；所以我積極參加各種活動，如演講比賽、主持人比賽，我都去試。但是，過程很痛苦。其他的同學也會緊張、害怕，可是他們試過幾次後就沒甚麼了；而我就不行，精神緊張、恐懼不說，更嚴重的是軀體反應，我渾身發抖，站不穩，想試也沒辦法了。後來，我就放棄了。

大學生活裏，我除了勉強能去聽課外，剩餘時間都待在宿舍，由於甚麼都做不了就只能看情節很簡單的電視打發時間。最嚴重的時候，我連電視都無法看，那種帶字幕的電影我就更不能

看，因為我會盯着字幕糾結，一糾結我就渾身不舒服，就會拉肚子。

大學的室友都在忙着談戀愛，我連和女孩子說話的勇氣都沒有，想想還是算了吧，別丟人現眼了。有時候和大學同學出去聚餐，我在飯桌上挾菜時手都會發抖。我實在是恨我自己。「廢物啊！」我經常罵自己。父親經常在電話中鼓勵和安慰我，而我常常偷偷流淚。大學幾年，我一直是這樣一種狀態，比高中時更慘。我佩服自己的是，就自己這樣的狀態還能做到每學期不「肥佬」，英語過六級，還能抵制自己一次次想自殺的衝動，只是過程太痛苦了。現在回憶起來，我寧願甚麼都沒有，只求身心愉悅，能吃能睡，開心就好。

大學期間，我幾次想退學但都堅持了下來，都是父親在鼓勵我，給我打氣。期間，父親也放下工作陪我去醫院精神衞生中心住了幾次院，因為好幾次我都已經到崩潰的邊緣了。值得一提的是，所有的這些我都瞞着我的同學，也很少和他們交流，就像一個「獨行俠」。他們也只是覺得我比較孤僻，我內心的痛苦、絕望只有自己知道。

到了大四上學期結束，也就是 2011 年 12 月，我再次崩潰，撐不下去了，病情已經發展到不能吃不能睡了，所以草草地寫了論文並上交後就回家了。我也是在痛苦中勉強把畢業論文寫出來的，之後我再沒去過學校。拍畢業合照沒參加，畢業聚會也沒去，畢業證書都是被寄回家的。我跟同學説我腿摔斷了在家養病呢，其實我是在家裏忍受精神折磨，不想讓別人知道。其實到那時，社會上好多人都知道我的父親有個身體不行的兒子，精神好像有點問題。

☐ 家庭邊變

大學畢業後，我自作主張把藥停了，吃了也沒甚麼效果，都吃了七八年了，我不想變成藥罐子。我嘗試甚麼都不做，甚麼都不想，看自己能不能好起來，每天待在家裏，父母去工作，我就自己做飯洗衣，沒事看看電視，或者就乾脆躺着，但是強迫焦慮還是會常常襲來。父母也一天天蒼老，父親的皮膚也開始暗淡，應該是在那個時候父親的心臟開始出問題了。十幾年過去了，父親對我的恢復也開始感到迷茫，常常看着我黯然神傷，母親只能偷偷躲着哭。

2013 年 9 月的一天我突然毫無徵兆的焦慮大爆發，莫名地感到害怕，巨大的恐懼感籠罩着我。我渾身發抖，只能抱着父親或者母親，特別害怕，晚上需要父親陪着睡，但根本不能入睡，強烈的恐懼感一陣接着一陣向我襲來。我發抖，渾身冒汗，並對父親說：「快帶我去醫院，我覺得自己要瘋了。」第二天父親請了假帶我去了醫院，我在醫院住了半個月，輸液吃藥，做經絡治療，出院又拿了藥回家吃。我和父親回來不到一個月，母親突然暈倒，父親交代好工作又帶着母親去了醫院，檢查結果是母親長了腦瘤，良性的，後來聽母親說都是為我着急的。我深感慚愧，還好手術成功。

母親在醫院住院期間，父親當着母親的面流過一次淚，這是後來母親告訴我的。父親告訴母親，希望用他的命換我們母子平安。母親讓父親藉在醫院這個機會檢查下身體，估計母親也感覺到了父親身體的異樣。但父親婉轉拒絕了，一來怕自己在這個節骨眼上真有問題還要花錢，二來也不想我們母子操心。父親必須扛着。母親出院回到家後，我們母子基本上就在家裏待着，父親一邊忙工作一邊照顧家裏。也就是陪母親從醫院回來

後，我發現父親的臉開始變黑，有點浮腫，隱約開始擔心。這時我也發誓一定要頑強地活着，活着就是對父母最好的報答。

2013 年 11 月的一天，父親在外面時突然感到不舒服，很痛苦，自己跑去醫院找醫生，但沒等我趕到，父親已經去世了。醫生說是心肌梗塞。此時的母親手術傷口都還沒長好，正在家裏休息。我欲哭無淚，幾天幾夜沒睡，父親的去世也驚動了我的家鄉，平時多好的人啊，灑脫恢宏，工作又出色，但是 2013 年，剛滿 50 歲的父親就這樣走了。父親走後，我花了很長時間安慰母親，強忍着自己的精神折磨帶母親走出悲傷，擔心母親的病會復發。期間，我用煙頭狠狠地燙自己，深切感受到自己的罪過。

❑ 父親的心願

父親一直希望我考個公務員，有個穩定工作能養活自己，也不用風吹日曬。父親走後，我想完成父親的心願，忍受着強迫焦慮開始備考。我的備考之路很艱難，看書時需要和強迫焦慮做鬥爭，面試時需要狠狠捏着拳頭來控制自己不發抖、不緊張。2015 年 8 月，我以第一名的成績考上了政府公務員。

後來，母親給我介紹了個對象，說父親生前對她印象也不錯，也是希望我有家庭後能開始新的生活，忘掉不愉快。為了完成父親的心願，2015 年 10 月，我和她草草地結了婚。她也知道我的情況，我也是覺得自己這樣一個身心狀態能找個媳婦就不錯了。可是婚後各種問題出來了，我發現我和她是兩個世界的人。其實當初就有很多人反對我們結婚，而且連她的朋友都反對，說我們不是同路人，果不其然，我們的婚姻就是一場鬧劇。

婚姻存續期間，我的焦慮和抑鬱越來越重，導致我的強迫焦慮再次爆發，母親不得已帶我去了一家專科醫院，各種檢查後醫生說我得了重度抑鬱症。沒有甚麼辦法了，醫生建議最好做電擊治療。我在網上查了下，說電擊治療可以讓人遺忘一些東西，但是搞不好有很嚴重的後遺症；於是，我考慮後放棄了。在一家心理諮詢醫療中心待了半個月後，我回家了，因為費用太高，承受不住了。

在這之後，我提出了離婚。在給她補償後，我們離婚了。我幾次想自殺，無助又無奈，覺得都是自己的問題才會這樣，都怪

我身心不強大。當時我的狀態不好，根本沒有能力處理這些事情，沒有主見，也沒有果斷的勇氣，我連去超市買些東西都會反覆糾結。

現在回想起來，這段痛苦的經歷也算是一種成長吧，也是上天對我的考驗，離婚是最好的選擇，這段孽緣持續了不到半年。我現在很慶幸自己在那種思維混亂，每天都想自殺的情況下，還是做出了理智的決定。那時我每天跟瘋了一樣，就差上街亂跑了，還要硬撐着去上班。雖然付出了很大的代價，但一切都是值得的。

❏ 艱難的自救過程

再來說說我的工作吧。想一下你們都能猜到，這樣的婚姻再加上我自己當時的身心狀態，工作對我而言同樣是一種煎熬。我每天待在辦公室裏忍受各種強迫焦慮和軀體反應，每天聽着辦公室裏年長的同事絮叨東家長、西家短，要不然就是無所事事，玩手機、上網，一切都讓我覺得索然無味。單調、壓抑的環境和失敗的婚姻讓我的內心更加失落。我很少與同事交流，也很少去單位食堂吃飯，總是處處感到尷尬，害怕議論和眼

光。從那時開始我決定自救，為我自己，為母親，為去世的父
親。

下面談談我艱難的自救過程。十幾年過去了，我每天飽受強
迫、焦慮、抑鬱的折磨，還要時常忍受軀體反應─疼痛和不適。
我放棄尋找更好的藥物和心理治療，感覺這些實在沒有甚麼幫
助，藥物只能治療身體疾病，治不了思想。我開始認識到所有
的問題都來自我的思維，是不健康的思想在控制我、折磨我。
我開始搜索一些改造思維、重塑靈魂的書，這個過程也是異常
艱難，畢竟我是強迫焦慮，總會反覆糾結各種觀點，看書也不
能持續進行。

後來我在網上反覆搜尋，最終看到了兩本對我的認知改變比較
大的書，一本是《靈性的覺醒》，另一本是《當下的力量》，
看完後，我如獲至寶，感覺這兩本書就是寫給我們這些人看
的。書裏面的思想和觀點讓我很受震動，我對自己的恢復看到
了一絲希望。我慢慢認識到這麼多年的「黑暗」都是我錯誤的
思維模式造成的，我把自己一步一步推向了深淵，讓自己患上
了「精神癌症」，並陷入惡性循環中無法自拔。

看書時，我確實感到一絲欣慰，但是看完後還是老樣子；因為書中只有觀點並沒有切實可行的方法，對我的實際幫助並不是特別大。所以，我再次圍繞着重塑靈魂和思維這個核心在網上尋求能自救的方法，經過多次的篩選和思考之後，我選擇了李老師的康復訓練法。我在網站上詳細地看了他的自救體系，也看了通過自救慢慢恢復的朋友們寫的心得體會，我感到相見恨晚。

2016 年 7 月的一天，我決定試一試，下決定後便跟上司請了假去了北京。當時我的身心狀態還是老樣子——強迫焦慮，我頂着各種不適和緊張害怕來到北京尋求幫助，在一番尋找後我見到了李宏大老師。那時的我說話都充滿了恐慌和焦慮，在我支支吾吾的述說中李老師聽完了我的經歷。我對李老師說：「我是不是太嚴重了，沒有辦法恢復了，我覺得很少有人像我這麼嚴重。我去醫院，有的醫生說我需要做電擊治療，甚至還要終身吃藥。」李老師耐心地給我講述了導致強迫焦慮的根源，講了思維模式對人的影響，李老師也佩服我能在這種痛苦的折磨中頑強地堅持了十幾年。我也實在是感到自己快到極限了，快要堅持不住了，再拖久一點我可能連堅持的能量都沒有了，沒

有甚麼辦法，這是最後的救命稻草了，所以我決定接受李老師的指導，開始艱難的自我拯救。

回家後，我迫不及待地想嘗試李老師教的各種方法，但是李老師讓我不要急於求成。鑑於我的情況比較嚴重，病情持續的時間久；所以必須按照李老師教的步驟來，而且要做好思想準備，可能需要很長的時間才能康復。我知道自己的康復之路可能會比一般人走起來要艱難，但我必須堅持。我想這麼十幾年都挺過來了，也沒有甚麼堅持不了的。和我承受的痛苦比起來，這不算甚麼。

❑ 練習觀息法

於是，我開始按照李老師給我安排的計劃進行訓練，最開始的時候除了去辦公室工作外，回到家的時間我都在做觀息法，剛開始練習時很艱難、很艱難。我一坐下來，閉上眼睛，根本不能觀察呼吸，腦海裏各種畫面飄來飄去，各種想法翻來覆去，我被這些畫面和想法控制着，會跟着去想，愈想愈怕，愈想愈多，就像高速運行的火車一樣根本停不下來。有時候實在受不了，我就睜開眼睛觀察四周，讓思維稍微緩一下。而且我坐着

時會感到各種難受和不舒服，腿疼發酸。我本來就有嚴重的軀體反應，腸胃反應尤其突出，又是腿疼又是腸胃脹痛，一次最多只能堅持 20 分鐘。我做一會兒休息一下，又接着來，特別努力，像在拼命一樣。

這個練習持續了一個月，沒有太大的改觀，期間我產生了懷疑和絕望，一次次地在 QQ 上找李老師聊天，告訴他我的想法，表達自己的失望，我感覺如果不和李老師聊一下，自己就堅持不下去了。我覺得練習毫無意義，李老師一次次地鼓勵我堅持，告訴我要給自己時間，如果不自救難道一輩子就這樣嗎？

就這樣，我堅持練習了 1 個月，觀息法練習時間也被我增加到了每次 1 個小時，慢慢地，我在靜坐觀呼吸的時候能偶爾不去參與想法，也不去管想法了，任它們來去，而我不融入進去。但是我很難受，腦子裏會出現各種可怕的想法，如報復、傷害、逃離，以及各種可怕的情緒，如憤恨、憂傷、絕望、焦慮、恐懼。它們輪番轟炸我，我就這樣感受着，不參與、不批判，一次又一次，逐漸地，我能把注意力更多地放在呼吸上。就是呼吸，思維跑了又拉回到呼吸上，一次次跑掉，一次次拉回，循

環反覆。到後來，我也能輕鬆地做到一個半小時，酸痛、難受也在慢慢消失。

由於長時間靜坐，我的臀部也起了厚厚的繭，有那麼幾次在觀呼吸的時候，我的大腦出現了短暫的空白。我感受到了來自內心深處的愉悅和平靜，是那種從來沒有體驗過的安寧，於是希望之火重燃。我和李老師講了我的感受，李老師讓我不要刻意追求這種感受，感受到了就是感受到了，沒感受到也就是沒感受到，一切都是無常的，對一切都應保持平常心。

❏ 練習「亦是如此」

慢慢地，我的觀息法練習愈做愈好，這個好是相對的，只是比之前稍微能更多地專注呼吸了，思維還是會跑掉，但我會把它們又拉回到呼吸上。後來，李老師給我加上了「亦是如此」的練習，就是無論你想到甚麼，感受到甚麼，都一律加上「亦是如此」。我在最開始練習時會專門安排一個小時的時間進行「亦是如此」的訓練，對各種想法和情緒都加上「亦是如此」，如，腸胃好難受「亦是如此」，別人又在嘲笑我了「亦是如此」，我好緊張「亦是如此」，我不該這樣「亦是如此」，好

像說錯話了「亦是如此」，我不想堅持了「亦是如此」，我想和老師聊天「亦是如此」，到底買哪個「亦是如此」，我又要拉肚子了「亦是如此」等等，可以說我是在瘋狂地練習。

有時候一個想法和情緒會持續很長時間，我就不斷地說「亦是如此」。有時候我練的心煩意亂，感覺沒有甚麼用，但現在一切已經變成我的習慣了，對任何感受到的糾結的事情都會加上「亦是如此」。隨着時間的推移，我慢慢發現，我能夠逐漸從糾結和不良情緒中走出來。當然，練習的過程充滿艱辛，我經常是在絕望和痛苦中堅持練習，有時候會邊練習邊流淚，有時候腸胃難受還會嘔吐，嘔吐完了繼續練習，常常練習到半夜兩三點。我睡不着就做練習，做完「亦是如此」，又做觀息法，剛開始我期待睡眠，後來隨着練習的進行，我也不再執着好的睡眠，睡不着「亦是如此」，做練習吧。

練習的過程中遇到很多挫折，我經常感到絕望，懷疑方法的可行性。有時候，我只是在練習中能稍微感到平靜點，一不做練習，各種強迫焦慮就出來了。老師說這是一個釋放過去的過程，讓它們釋放就行。

最開始的那幾個月，我沒有強迫自己出去社交，基本上全在練習，有時候週末一練就是一天。那時，我幾乎每天都要在 QQ 上找李老師聊天，談我的練習感受，希望他鼓勵我，就怕自己堅持不住了，可以說很不容易。7-9 月是一年最熱的時候，大家都去河裏游泳玩耍，我就每天待在家裏做練習，家裏沒裝空調，我就坐在電風扇前面觀呼吸，對各種難受的想法和情緒加上「亦是如此」，常常渾身是汗。我哭過，難受過，絕望過，但還是堅持了下來。我想救自己，我要為自己拼搏。

❏ 人生逐步入正軌

母親一直陪着我練習，鼓勵我，給我打氣，讓我堅持。我必須堅持，這是我唯一能做的。這個最開始的過程持續了 5-6 個月，現在回想起來，往事還歷歷在目，我感謝自己挺過來了。冬天最冷的時候，我裹着被子，戴着手套，在床上一遍又一遍地做靜坐練習。因為我身體虛弱特別怕冷，經常是邊練習邊瑟瑟發抖。過年的那天，大家都在吃喝玩樂，我還是在做練習，看完春晚後我還是在床上做練習。但那時我已經慢慢地不追求練習的效果了，也不期待自己能突然好起來，練習已然變成我的一種習慣。我也慢慢感悟到平常心的獲得不是一朝一夕的

事，也慢慢體會到人生就是一場修行，上天讓我經歷這麼多，是在幫我打開修行的大門，修煉我的平等心。我也不再每天找李老師聊天，輔導的時間間隔也拉長了，練習和修行漸漸融入了我的生活，我每天還是會強迫焦慮，不過已經沒有之前那麼強烈了，我的痛苦感也減弱了，也能控制情緒了，感覺內心變強大了，說話也不再慌裏慌張。與李老師的聊天也從最初的不停抱怨、懷疑、失望，慢慢地變成和李老師探索練習過程和人生。我感覺自己的說話處事都充滿正能量，對人的尊重也是發自內心的，也不那麼在意別人的眼光和議論。我發覺自己的內心開始積蓄力量，說話也有底氣了。也認識到人生就是一場修行，保持修煉就好。

2017 年 1 月 15 號，經過我的慎重考慮以及與母親做了良好的溝通和解釋後，我在眾人的不解和阻攔下毅然辭去了公務員的工作，多麼讓人羨慕的工作啊，可是不適合我，不適合我的恢復。辭職後的第二天我帶了幾件衣服獨自一人南下深圳了，不為賺錢也不為玩，我出去只是為了繼續練習，到更廣闊的世界去練習，去認知。

剛到深圳時，我在旅館待了一個星期，因為狀態不好，所以就乾脆在旅館練習，到夠鐘了出去吃飯，回來繼續練習，後來覺得應該找個事做，邊做事邊練習，做事也是一種練習。在找工作的過程中，我被人騙了幾千塊錢，很生氣，事後回到旅館繼續練習，做觀息法，練習「亦是如此」。就這樣，我的內心很快就平靜了，也沒有太多情緒了。

因為知道自己沒有一技之長，也不希望在辦公室待着，感覺太壓抑；所以我選擇在一家西餐廳做服務員，端盤子洗碗。我每天上班上到凌晨兩點，可以順便鍛鍊下身體，工作中我一直保持練習「亦是如此」，回到宿舍後，不管別人的眼光繼續做觀息法。我吃完飯去樓下的公園裏邊散步邊練習，每天都很充實。我一個人並沒有孤獨感，很享受這種只有自己明白的奮鬥，慢慢地，我也能很好地與別人交流，遇到軀體反應和不良情緒也就是保持「亦是如此」，遇事也不和別人計較。

❑ 接納自己愛自己

在深圳期間，有一天我突然感到很餓，就去吃飯，平時我吃東西基本沒胃口，一碗飯都吃不完，吃菜也沒味道。可是那天我

食慾大增，吃了很多很多，吃完後一會兒就餓了，又去吃了一頓。我知道沉睡多年不工作的臟腑器官開始蘇醒了，因為我在慢慢接納自己，開始愛自己；所以我的身體也開始接納我自己，開始正常運轉。我很高興，就因為這十幾年來我終於吃了一頓飽飯，一頓有味道的飯。同時我也慢慢認識到接納自己、愛自己的神秘力量，這種力量會自動修復身體機能。如果你不接納自己，厭惡自己，你的身體也會抗拒你，出現各種功能紊亂，繼而出現各種疾病。我也明白了不良的情緒對人的傷害有多大，也逐漸理解了甚麼是當下的力量，甚麼是《靈性的覺醒》這本書中說的每個人的內在都住着一個神。這個神就是臨在，不奢望未來，不回憶過去，只專注當下就好，當下的每一刻才是你的生活，痛愈深則感悟愈深。

□ 滿滿正能量

在西餐廳做了 1 個月後，我離開深圳來到了麗江，因為我覺得我需要找個環境優美、氣候適宜的地方去修養身心。來到麗江後，我應聘到一家酒店，同樣是做服務員。在工作中，我帶着我的練習和正能量，與人為善，尊重每個人，專注當下，結果我成了最出色的員工之一。後來，我向老總毛遂自薦做管家，

並闡明了我的觀點，希望更好地鍛煉自己，更多地與客人交流，結果溝通成功，我做了酒店管家，主要負責與客人溝通，滿足他們的合理要求，讓他們放鬆、開心。

做管家也是在檢驗我的練習，同時也是繼續修行。我開始嘗試帶着正能量與人相處，效果很好。我現在說話經常都會不自覺地流露出滿滿的正能量，這都是我長期練習的結果，它們已經進駐我的潛意識，而且我的表達是發自內心的。同樣，我每天還會做觀息法，不停地做「亦是如此」，但並沒有像以前一樣一天練到晚，而是把練習融入工作和生活中。想像一下，9個月前我可是天天想着自殺，害怕與人交流的人啊，吃不下睡不着，每天都生活在恐慌和強迫焦慮中。

再來說說我對觀息法和「亦是如此」的理解。觀息法是內功，需要很長的時間去修煉，是一個慢慢淨化你內心的過程，讓你浮躁的心趨於平靜，讓你慢慢擁有平常心，內心愈黑暗，需要練習的時間就愈久；可以說，觀息法是一個重塑內心世界的偉大過程。「亦是如此」是具體工具，它的主要作用是讓你不斷觀察自己，讓你放下你的執着，心愈執着，練習的時間就要相

對久一點。隨着練習的持續，你會發現你不再那麼執着，能學會放下了，也學會接納自己了，能與自己友好相處了。

潛意識是可以改造的，就像習慣可以改變一樣，只是需要你持續不斷地去關注，去和自己對話，讓積極向上的意識主導你。當你的潛意識中充滿正能量，你會發現自己活得很自由、很滿足。但是它們強大力量的顯現需要你的堅持。我的修煉才剛開始，我還有很長的路要走，沒有結束這一說。

現在我在麗江，我還在繼續練習，每天都是修行，專注當下，做好每一件當下事，用生命去感悟，愛自己，接納自己，我已不再期待自己突然好起來，生活就是一場修行。我現在還是會強迫焦慮，也還有軀體反應，但是沒關係，我已經從心裏接納它們了。它們就是我，我的黑暗過去還在釋放，我必須接納它們，我要愛自己，同時我的新意識也在每天成長。接納自己是生命的意義，不經歷這些磨難，我不會有這麼深的感悟，不堅持下來我也不會獲得內心的救贖。

我感謝曾經的絕望、強迫和焦慮，它們磨練了我的心智，這段痛苦的經歷讓我收穫了內心的強大。我的修煉不會停止，就像每天要洗臉刷牙一樣，這是一種健康的生活方式，是通往內心自由的路。在修煉的過程中會遇到磨難，我們需要堅持，不經歷九九八十一難，唐僧也取不到真經。

同樣的道理，正在飽受精神折磨的朋友，不要絕望，這是上天選中了你，在給你打開修行的路，不是每個人都有這樣的機會重新審視自己、認識自己，繼而觀察這個世界。我的修煉會繼續下去。只有內心自由了，你才會感受到真正的寧靜與快樂，當你有了平常心也就有了強大的力量，你會發現不一樣的風景，一花一木都會讓你感到愉悅。加油吧！朋友，我能從「地獄」中走出來，你也可以。

第二節

走出餘光強迫症的
心路歷程

我是初三的時候出現了餘光強迫症的，到現在已經有十幾年了。在餘光強迫症的折磨下，有時候痛苦得都不想要眼睛了，覺得還不如變成一個瞎子。這期間，我尋求心理醫生幫助，吃藥，看各種與心理學相關的書，但愈發覺得變正常是那樣遙遙無期。帶着餘光強迫上完初中、高中、大學，直到出來工作，一直以來我都還能簡單地和別人交流，因為有時候我的餘光別人也看不到，只不過自己會刻意想要消除。例如，上課的時候我會用手去遮擋眼睛，害怕看到別人，或者別人的眼睛，或者看到後排的人，害怕看黑板和老師的眼睛。

這種心理的痛苦真是難以描述，而且做任何事情我總是想來想去。因為有餘光強迫我做事總是會打退堂鼓。工作中，因為自

己的問題總是不敢接受更高的職位，不敢更好地表現自己。直到結婚生完孩子，自己的病情由餘光強迫泛化到眼神不自然，嘴巴不自然，幾乎沒辦法和別人交流、溝通，痛苦慢慢漫延開來。我總是容易生氣，對家人生氣，不能心平氣和地對待孩子，感覺周圍的一切壓得我喘不過氣來。

❑ 尋找那一根救命稻草

生完孩子後我做了一段時間的心理諮詢，愈發覺得離正常的軌道越來越遠，不能自由地笑，自由地哭，不能自由自在。整個人悶悶的，狀態不好，頭上每天都像頂個鍋蓋，不清晰，不明了，看甚麼都是灰色的，打不起精神。我害怕孩子長大後會像我一樣不健康，所以在一點希望都沒有的時候，還在尋找那一根救命稻草。

後來，有一個和我同在一個心理諮詢機構裏做過心理諮詢的人給我介紹李老師的書——《淡定是修煉出來的》。根據書上的步驟我開始每天靜坐觀息，做了一個星期後我覺得頭漸漸清晰了，鍋蓋的感覺似乎出現得少了，那種「撥開雲霧見天日」的感覺真是久違了。後來我就參加了李老師的心理訓練。

其實，李老師的輔導中理論很少，重要的就是練習，所有的一切都是基於練習再練習。我的觀息法練習由一開始的 20 分鐘增加到現在的 50 分鐘，目前正在突破 1 小時，這期間也是跌跌撞撞的。在靜坐中體會、頓悟，定力和智慧都能得到提升。

我在開始進行觀息法練習時，總是去抓個別的字眼，老師說「自然的呼吸」，一開始我沒有弄明白甚麼是「自然的呼吸」；於是，我追求要在靜坐中時時刻刻感覺到清楚的呼吸，呼氣清晰，吸氣清晰。但這不是身體的自然表現，刻意去追求的都不是自然的，儘管每次做完也覺得神清氣爽。

關於靜坐，我覺得還是要讓身體放鬆下來，沒有任何抵抗的感覺，在想了，你就知道你在想了，無須判斷、抵抗。腳麻了就麻了，你就知道麻了。心裏緊緊的，你就知道那個緊，不需要區分哪個緊是不好的，哪個鬆是好的，這個感覺是好的，那個感覺是不好的。否則，你就是有了好惡的心、分別心。有了分別，我們也就有了不接受和接受，有了我們希望快樂的好的感覺永遠留下，不好的感覺趕緊離開的念頭。這就是我們不快樂、不能自在的原因所在。

在靜坐的過程裏，有時候心底會不自覺地出現李老師說的話。一開始我自己也覺得，這些話怎麼又冒出來了，我這是強迫嗎？其實這也是需要我去接納的，就把它當成心底吹起的一陣風，不與任何風做抵抗，讓它們自由來去，這就是接納，這就是沒有好惡，只需靜靜地看着身體出現的這些感受的起伏。

現在回想以前，我突然能夠找出自己痛苦的根源，不是因為有餘光強迫，而是因為自己有一顆分別好惡的心，不接受這種現象和感覺的心。當我們帶着欣喜、讚賞、好奇去迎接這些過去不被自己接納的感受，如恐懼、害怕、憂慮、擔心等，敞開胸懷去擁抱它們，去迎接它們，變化就從那一刻開始。

另外，李老師還針對強迫讓我做「亦是如此」的練習。即對看到的、感受到的、心裏想的進行描述，然後加上「亦是如此」。一開始我不能接受，感覺整個人像要崩潰了一樣，隨着練習的深入，慢慢地，心理出現了一些變化，那種害怕，那種看一樣東西時的強迫感覺，不再強烈，看別人的眼神也由一開始的很緊張到不那麼緊張了。

慢慢地，我體會到這個方法就是讓我們時時刻刻活在當下。當下是甚麼樣就是甚麼樣，高興是當下，悲傷是當下，憤怒是當下，強迫是當下，不舒服也是當下，臣服於當下，不抵抗，不排斥，靜靜地看着你的每一個感受的當下，這就是平等心。

雖然我現在的生活中還有一點問題，但我有了底氣。我相信隨着練習的深入，這些都可以迎刃而解。我要做的就是不停地練習，去體會平等心、當下自在的心，了悟生命的無常，生活的無常，社會的無常。帶着那顆自在的心生活在當下，當下即平靜、淡定、喜悅，這就是真實的自己。

針對整個心理康復訓練的過程，我想說，對練習的過程保持耐心，對自己保持耐心，量變才能引起質變。心理的變化需要慢慢來，不是一下就能改變的。感謝那個朋友的推薦，更感謝李老師一直耐心地指導，也感謝家人的一直陪伴。

第三節

我是這樣擺脫 「恐愛」和「尅妻」 的心理困擾

非常不幸，我得了恐愛症（愛滋病恐懼症），後來又被算命先生給嚇唬了，説我尅妻，本來已經夠恐懼了，這下子腦子就更亂了，滿腦子都是自己現在已經得了愛滋病。但是，醫學檢測又檢測不出來。雖然意識裏知道自己已經多次在權威機構裏進行了檢測，自己應該是健康的，而且也認定算命先生是騙人的，但那顆脆弱的心總是放不下。

其實，我並不是怕死，死也不是最讓我恐懼的，最主要的是我心裏很內疚。如果我真得了愛滋病，我實在是對不起我的父母，況且我現在還未婚。如果我要繼續活下去就不可能不結

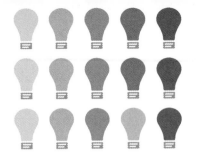

婚，那就有可能害了我的妻兒。那幾個月，我內心非常內疚，非常恐懼，我恨我自己，我恨我有這樣的人生經歷，一度想到自殺，幾次上了樓頂，但就是不敢往下跳，我還試過上吊，但是太難受了，只好作罷。

在尋死的過程中，我內心還是有些不甘，我才 27 歲，多好的青春啊，還有很多夢想沒有實現。當身邊很多同事都在開心快樂地生活的時候，我卻想着自殺，我不想這樣。所以，我一邊上網尋找自殺夥伴，一邊又尋找心理諮詢機構，希望能夠通過心理治療方法使自己獲得康復。我意識到，並不是所有經歷了我這些事情的人就一定會像我一樣恐懼，也不是有了這樣的人生經歷就會有悲慘的結局，所以我內心還存有一絲希望。

在那段時間裏，我一邊恐懼，一邊進行心理調整，一邊又想着自殺，整個人完全活在痛苦當中，不知道如何才能解脫。在經歷了一段比較長時間說教式的心理諮詢後，我還是感覺不太好，在網上尋找自殺夥伴的同時，也會到網上去看一些有關心理機構的訊息，一次上網的時候，偶然打開一個新浪博客，內容是對強迫、焦慮、抑鬱的心理康復訓練的介紹，還有很多含

義深刻的文章。漸漸地，我被那些文章吸引，逐漸改變了對人生和生命的認識，通過仔細地、反覆地閱讀，我決定做最後一次嘗試。由於做過多次心理諮詢，我手頭上已經沒有多少存款了，只好從上司那裏借了一些，湊夠錢報名參加了李老師的心理訓練。

通過前期 30 天的練習，我的內心逐漸平靜下來，特別是觀息法的練習，練習的時間愈長效果愈好。過了一段時間，也許是自己的練習有些鬆懈，感覺不到明顯的好轉，腦子裏時常會冒出恐懼的念頭，經常繪製着恐怖的畫面—全家人感染了愛滋病。我還是很討厭那些念頭的出現，老是壓抑着它們，不想讓它們出現，不時地跟它們糾纏。我發現我這樣做都是徒勞，這些念頭反而出現得更猛烈。

❏ 內心的執着造成痛苦

這一段時間裏，通過李老師的心理輔導，我認識到其實是我的內心接受不了這樣的人生經歷，想要永遠忘掉卻永遠都忘不掉。總是在糾纏，總是在逃避，不敢面對這些事情，總認為我經歷

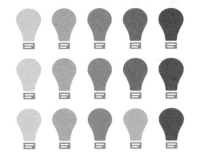

過這些事情就成了一個骯髒、罪惡的人，我無法接受我自己。通過輔導以及與其他好友的傾訴，我發現並不是所有人經歷了這些事情都會像我一樣有這樣的認識，也不是所有的人都會像我一樣恐懼。李老師向我推薦了很多心理學方面的書籍，例如：《當下的力量》、《寬恕就是愛》，我認識到我的痛苦其實都是我內心的執着造成的，同時也是認同了算命先生的話所產生的心理反應造成的。

人世間萬事萬物都遵循着無常的法則，我現在內心勾勒出的恐怖場景在未來並不一定會發生，只是我的注意力被事情的表象吸引，從而在內心產生了極度的恐懼，覺得甚麼都有可能發生。認識到我自身的問題以後，我才明白我該治的不是愛滋病，也不是請心理醫生來幫我排除得愛滋病或剋妻的心理困擾，我需要治的是恐懼，一種對未來、未知情況深深的擔心。

我開始慢慢地接受我的人生經歷，寬恕我自己，學着以正常人的角度來認識這些事情，以更寬闊的胸懷來包容我的所有過失。為了能夠讓我更好地寬恕自己，不與念頭糾纏，李老師針對我的情況讓我在做放鬆訓練時默念特定的詞語，有空的時候

也可以默念，晚上睡覺前和醒來後躺在床上冥想，以此增加積極的心理思想。

李老師引導我去描繪那種恐怖的場景，讓我敢於直面恐懼。經過一段時間的練習，腦子裏那些恐怖的想法和場景越來越少，雖然我內心接受了我得過恐愛症這個事實，也接受我被算命的說成尅妻的荒誕之言，但我相信它們不一定會發生。當我內心平靜下來以後，所有的煩惱都消失了，雖然以前的經歷依然存在，但僅僅是一些念頭而已，我不會再去抓住念頭不放，非得想出個究竟來。

3 個月過去了，我基本上恢復正常了。我知道，我的恐懼、強迫跟我的性格和我所經歷的事情有關。我不再去糾纏以後會不會得愛滋病，會不會尅妻。當下我是正常的，我一切都好，過好當下每一刻才是最重要的。我現在雖然偶爾還有些念頭會出來，有時會有一些莫名的恐懼感，但是我已經能很好地調節了。做「亦是如此」的練習，或是一個深呼吸後虔誠地念一句李老師給我設計的特定語句，就能把自己調節過來，所以現在的我擁有更多的平靜和快樂。

我要感謝李老師，他對我的心理輔導已經遠遠超越了普遍意義上的心理輔導，那是陪伴與關懷。很多次諮詢快要結束的時候他都對我說：「你要有耐心，堅持練習，你一定會越來越好的。」正是這種鼓勵，讓我變得堅定有信心，一次次克服困難。我希望通過我的經驗分享，能夠給正在練習這個心理訓練方法的朋友帶來信心，能更好地堅持練習，最終擺脫內心的痛苦。

第四節

不放棄，
你就一定能走出
強迫、焦慮、抑鬱
的黑暗

坐在電腦前寫這篇關於自己從陷入強迫、焦慮、抑鬱的黑洞到解脫這段痛苦經歷的此刻，我還在想到底要給這段經歷取個甚麼名字，結果想不出來。因為這一路走來我經歷了太多的煎熬，不是幾個字或幾句話就能概括的。那麼我就不執着於此了，先寫我的經歷吧！

我覺得自己有責任把這段經歷真實地寫出來，讓更多還在被強迫、焦慮、抑鬱折磨的朋友看到。因為當初自己一次次幾近崩

潰，那時就是靠一次次翻看李宏夫老師那篇名叫《破繭成蝶，抑鬱重生》的博文，和已經通過李老師的方法得到解脫的朋友們寫的治癒感言，支撐自己堅持練習的。

現在我已經走出了曾經將我完全吞噬的黑洞，每天都過得很愉快，很平靜。但我依然堅持觀息法、亦止法的練習。做這些練習是因為它們已經完全融入我的生活中，成了一種生活方式，像吃飯、睡覺一樣成了生活的一部分。

我覺得強迫、焦慮、抑鬱其實質是一樣的，是相互依存的，只不過是其中某方面表現突出一些；所以分為強迫症、焦慮症、抑鬱症。然而，其根本原因都是心不能活在當下，這是我在練習的過程中體會到的。也許有許多朋友會像當初的我一樣苦苦糾纏於自己到底是得了強迫症還是焦慮症，或者是抑鬱症，到底哪方面多一些？這種方法到底符不符合自己的情況，對自己有沒有用？然而，我只想對身處痛苦且有緣遇到這個訓練方法的朋友說：「只要你堅持練習，一定會有很好的改變，並且會越來越好。」

❏ 黑暗的歲月

以下我把強迫、焦慮、抑鬱統稱為「黑暗」。

「黑暗」的襲來看似突然，毫無徵兆，其實不是這樣的，至少在症狀爆發前的幾個月，我就感覺自己可能會崩潰。因為一直以來我活得實在太累了，很壓抑、很痛苦，終日憂心忡忡。好在晚上我還可以睡覺，所以沒有意識到事態的嚴重性。2016 年 2 月 26 日，對許多人來說，這應該是很普通的一天，但對我而言，這是我被「黑暗」吞噬的開始，從此整個人陷入無邊無際的恐懼和絕望中。

那天，我像往常一樣從租住的地方步行 5 分鐘到辦公室上班，腦子很亂，胸口悶得慌，這樣的狀態持續了兩三個月。這兩三個月的時間裏，因為感情方面的事情，我感覺自己快要崩潰了。在這段時間裏，我和女朋友不冷不熱地處着，總是莫名其妙地吵架。我們的興趣愛好、生活圈子完全不同，都知道彼此不合適，知道分手是避免不了的，只是誰也沒提分手的事。

我們在一起上班，或許是怕分手以後尷尬，所以彼此之間都壓抑着，可以看出她很痛苦，總是對我說些莫名其妙的話，總是

莫名其妙地沖我發火。我也覺得我們不合適，然而不想就此放手，總想是不是自己對她不夠好，所以壓抑自己的痛苦去迎合她，去對她好。有時覺得自己完全就是在犯賤卻不願放手，明知堅持是痛苦，卻害怕一放手就永遠失去。這種堅持讓彼此都很痛苦，兩個人之間像隔了一堵厚厚的牆，成了名義上的情侶。這種內心的壓抑越來越重，內心的痛苦壓得我喘不過氣。

持續了一年多的尿頻、尿急症狀，在最近這兩三個月的時間裏表現得更加明顯，尤其在我心情煩躁的時候，基本上半個小時就要上一趟廁所，不停地上廁所讓本就壓抑的心情更加煩悶。那天我站在窗子邊望着外面陰晴不定的天，腦子裏突然閃現一個念頭：會不會是前列腺炎？於是我去做了前列腺炎的相關檢查，根據臨床症狀和檢查結果診斷為慢性前列腺炎，整個人頓時陷入無邊無際的恐懼中，一整個下午都在網上查有關前列腺炎的資料和訊息。網站上醫院的廣告、各種貼吧、網上賣藥的廣告都把前列腺炎描述得異常恐怖，似乎得了前列腺炎就得了不治之症，得了前列腺炎就會有各種性功能障礙，就會不孕不育，得了前列腺炎就失去了做男人的資格。

那晚，我徹底失眠了，整個人像墜入了無底的黑洞，躺在床上感覺整個人在不停地往下墜落，腦子裏飛速地閃現那些恐怖的詞彙：久治不癒、陽痿早洩、不孕不育、斷子絕孫……一直以來的壓抑瞬間爆發，心慌、胸悶、口乾，整個身體開始變得僵硬，腦子裏像有一萬隻馬蜂亂飛、亂咬。大腦總是不停地閃現各種奇怪恐怖的問題，像剎車失靈的車子一樣根本停不下來：我可能是全世界最倒霉的人，我怎麼會得這樣的病？我的病治不好了，我以後不能娶妻生子了，以後只能打一輩子光棍了，旁邊人會怎樣看我？人們會怎樣議論我？做一輩子光棍，老了該怎麼辦？恐怕以後死了連收屍的人都沒有，我要不要和女朋友說？說了她會怎樣看我？她會不會從此看不起我？我成了一個廢人，我活着還有甚麼意思？

安靜的房間讓我變得越來越恐懼，耳朵裏嗡嗡地響個不停，隔着窗簾看外面的夜空，霓虹燈若隱若現，時間彷彿凝固了。就這樣，我在極度的恐懼和焦慮中度過了一個晚上。

對我來說，上班突然變得恐怖起來，我害怕出去見人，腦子裏依舊不停地重複着昨晚的那些問題，似乎靈魂已經脱離了身

體，只剩下一具空殼。刷牙的時候，我看着鏡子裏的自己，眼神空洞，面無表情，瞬間有種很恐怖的感覺：我到底是在夢裏還是在現實中？

我彷彿處在另外一個世界，客廳裏的茶几、沙發、電視等，也包括鏡子裏的自己，這一切彷彿都是另外一個世界的東西。雖然我的手可以真實地摸到它們，卻感覺它們是如此的遙遠。我的世界裏只有我一個人，陪伴我的只有無盡的孤獨、恐懼、焦慮。

這樣的狀況一直持續了三四天，這三四天的時間裏我的內心沒有一刻能安靜下來，更別說睡覺了，整天如行屍走肉一般。大腦和身體是完全分離的，而我永遠活在大腦創造的那個世界裏，對身邊的一切已經變得麻木、冷漠。要好的同事問我出甚麼事了，為何變得如此魂不守舍。我卻說不出個所以然來，也不敢和他們說，怕他們認為我得了精神病。我每天重複着「天明盼天黑，天黑盼天明」的日子。

白天，我瘋狂地在網上搜索有關前列腺炎的資料，希望能找到一點兒安慰，然而愈搜索愈讓自己恐懼。當那些恐怖的詞彙一

次次出現在腦海裏時，我的腦子更加堅定了一個信念：我徹徹底底成了一個廢人！我越來越不敢和外面的人接觸，尤其是女朋友，怕拖累她，又怕在這樣的狀態下失去她。

我開始逃避所有人，不敢去上班，每天上班就像走向刑場一樣。一下班我就跑回家，把自己鎖在家裏。然而，面對家裏冰冷的牆壁的時候，孤獨感和恐懼感一陣陣襲來。我不敢看電視，尤其是電視裏有關藥物的廣告，這會讓我想到自己的病；不敢看手機，尤其不敢看微信，朋友圈裏同學、朋友、同事經常會炫耀些親子照甚麼的，這會讓我想起自己老大不小了還未娶妻生子，現在得了這樣的病，自己還是一個正常的男人嗎？

第四天晚上，我徹底淪陷了，一次次的強化暗示讓我對人生徹底絕望，與其這樣活着不如死了算了。死，想到死，我腦海裏湧現各種死法，如上吊、割腕、燒炭、撞車、溺水、吃藥……雖然我也很擔心自己怎麼會有這樣的想法，可是我真的太痛苦了，真的受不了，根本控制不住自己不去想怎樣自殺。我想，或者可以出家當和尚，和尚就不用娶妻生子，也就沒有人會議論我娶不上老婆生不了孩子，說不定還能得到解脫。

當時，我認定擺在我面前的路只有這兩條，要麼自殺，要麼出家當和尚。自殺了，一了百了，但是我媽怎麼辦？我大學畢業前夕父親因為肺癌去世了，妹妹也嫁人了。大學畢業後我一直在外工作不回家，家裏只有母親一人終日在田裏勞作。我死了，我媽怎麼辦？現在回想起來，我慶倖自己當時還有這個念頭閃現，因為對母親的掛念讓我沒有做傻事，否則就沒有現在的我了。

❏ 親情令我有求生意志

凌晨兩點左右，我撥通了母親的手機，彷彿覺得這是和母親通的最後一個電話了。母親接到我的電話也很警覺，因為我從未半夜給她打過電話。當聽到電話裏母親的聲音時，我忍不住哭出聲來，說：「媽，我實在活不下去了，我想死了。」我媽聽到這句話的時候也哭了，不停地問我怎麼了，出甚麼事了。母親的聲音顫抖着，不停地抽泣。

我就把我得了前列腺炎、網上的描述、我內心的恐懼和絕望這些事情和母親說了。母親說：「你好好的，千萬不能幹傻事，

你死了我怎麼辦。」我說：「媽，我也不想死，可是我真的活不下去了，兒子不孝。」我媽堅決地說：「不行，我不准你死，你絕對不能幹傻事，不管是甚麼病我都要給你治，我現在還能幹活掙錢，無論如何也要給你治好。」我說：「你不讓我死也行，求你讓我去當和尚吧。放心！我不會離你太遠，以後也可以回家看你，我銀行卡上還有些錢，你取出來做養老錢。」我媽說：「我要那些錢幹甚麼，我只要你好好的。你千萬別幹傻事，我明天就來看你，一切等我過來再說。」

我媽連夜打電話給我妹妹簡單做了些交代，然後第二天一早就坐最早一班車趕到我住的地方。母親是個不善言辭的人，只知道靜靜地守護着自己的兒子，不想失去這個兒子。那些日子，因為極度的焦慮、恐懼，以及嚴重的失眠，我變得異常煩躁，總是莫名其妙地沖母親發火。雖然明知母親是無辜的，但我控制不了自己的情緒。之後，妹妹、妹夫也不時跑來陪我。

那個時候感覺他們在與不在其實沒多少差別，或許唯一有點差別的就是聽着他們說話的聲音，內心的恐懼感會稍微減輕一點；除此之外，我內心的孤獨感並沒有減少。我感覺他們和我並不在同一個世界，雖然他們就在我身邊說話，做各種事，但

我總是感覺自己被一個透明的、厚厚的玻璃罩子罩着，和外界是完全隔開的，我走不出去，他們也走不進來。

我總是沉浸在自己的世界裏不能自拔，不願意和他們説話，總是把自己一個人反鎖在臥室裏。即使和他們在一起也總是面無表情，我對外界的一切反應都是麻木的、遲鈍的。雖然如此，但親情還是讓我開始有了求生的意願：我絕不能死，我必須活着！

在被「黑暗」折磨了差不多半個月後，持續不斷的極度壓抑、焦慮、恐懼狀態，失眠，逃避身邊的人和事，對一切失去興趣，以及多次想自殺的念頭讓我意識到自己可能得了抑鬱症（當時只知道抑鬱症的説法，不了解強迫症、焦慮症的概念）。於是，我正式踏上了求醫的道路，我一邊找專家看中醫治前列腺炎，一邊到處搜集可能對改善我的情況有用的訊息。我給網上推薦的治抑鬱症的專家打過電話，15 分鐘的通話時間，根據專家的名氣大小來定價格，最便宜的也要 150 元。我找了好幾個專家，也花了一兩千元，有的專家給我講道理、灌心靈雞湯，有的專家給我推薦治抑鬱症的藥，然而這一切都沒有甚麼用。

最後，我鼓足勇氣走進擅長精神類疾病的專家求醫，在門診開了半個多月的抗抑鬱、抗焦慮的藥，期間也到醫院心理諮詢室做過一次心理諮詢，但似乎也沒甚麼用。

因為每日被壓抑、焦慮、恐懼、自卑、自責、悔恨、怨恨等各種情緒折磨得生不如死，我也開始嘗試向宗教尋求解脫，每日堅持背誦各種經文。母親則到城隍廟請師父幫我求籤問卦，當然，這樣也沒有讓我的情況有絲毫好轉。

❑ 不放棄自己一切有轉機

無論你身處何種境地，只要你自己不放棄自己，一切都會有轉機！

4月初的一天，我像往常一樣在網上搜索有關抑鬱症自救方面的資料，忽然有個名為《破繭成蝶，抑鬱重生》的博文標題引起了我的注意，我的直覺告訴我，這篇文章一定是個有過親身經歷的人寫的，「重生」說明這個人一定走出「黑暗」了。幾近行屍走肉的我對「重生」是多麼嚮往啊。點開這篇博文後，我逐字逐句地讀，忽然有種內心被讀懂、被認可、被接納的感覺，

我忍不住熱淚盈眶，哭着把這篇文章連續看了三遍。

我開始在網上搜索，並了解到這篇博文的作者李宏夫老師的《淡定是修煉出來的》這本書。我捧着手機一口氣就讀了大半本，在讀書的過程中似乎暫時忘記了痛苦。我從書中了解到觀息法和一些調理情緒的方法，然後就開始照着書裏的介紹和講解練習觀息法。第一次進行 20 分鐘的靜坐觀呼吸時，我簡直如坐針氈，內心的焦慮、恐懼、孤獨感一陣陣襲來，像惡鬼一樣撕扯我，做了 10 多分鐘就堅持不住了。然而，我並沒有就此放棄嘗試和練習。從第三次開始，我就可以做夠 20 分鐘了。

之後，我開始嘗試按照書裏的介紹用觀息法治療失眠，我已經足足一個月沒睡過覺了（或許有過短暫的睡眠，但感覺自己都是醒着的）。結果很神奇，那晚我居然睡着了，是完全的、真正意義上的睡着，雖然只睡了短短 3 個多小時，凌晨兩點多就醒了，醒了之後依舊無法入睡。但這也足以讓我興奮，至少證明這個方法確實有用，這讓我看到了希望。

4 月 16 日，我第一次與李老師通電話，開始了康復訓練的歷程。我懷着忐忑的心情撥通了李老師的電話，原本就緊張、焦

慮的心更加緊張了，可以清楚地聽到心跳的聲音，額頭像被甚麼東西箍得緊緊的，嗓子發乾。在李老師的引導下，我緊張的心情漸漸放鬆了，封閉了許久的心終於被打開了一個小口。這是自症狀爆發以來，我第一次願意主動與人交流。

急於解脫的心理讓我一直說個不停，似乎想要把自己的所有痛苦都通過電話傳達給李老師，讓他幫我分擔和化解。李老師耐心傾聽，沒有給我講大道理，沒有給我灌心靈雞湯，更沒有教我如何開導自己，而是讓我學着接受自己的現狀，不抗拒、不逃避、不糾纏任何念頭和情緒，做到一切順其自然。

這與我之前接受過的不是開導就是講心靈雞湯的心理諮詢完全不同。畢竟，對處於這樣狀態下的人而言，任何大道理和心靈雞湯都是蒼白無用的，因為他們並不是不懂那些道理，甚至懂得更多，他們只是被「黑暗」籠罩了，被一張無形的網網住了，他們需要的是有人給他們指一個方向，指一條路，然後告訴他們怎樣走。

李老師就是這樣做的。他在電話裏指導我練習。從此，我堅定不移地沿着李老師指的路走，雖然在之後的路上有太多的艱辛

和磨難，好在我堅持下來了。關於路上的種種艱辛和磨難我就不講了，這是每個人都會經歷的。或許我們的問題不一樣，或許你覺得你的問題是世界上最嚴重的，我曾經也認為我是世界上最悲慘的人，認為我的問題是最嚴重的，相信處在這種狀態下的每一個人都會有這種感覺。但是請相信，只要你堅定不移地按照輔導老師指的方向走，一定能夠走出來，你需要做的只是給自己一點兒時間。

❑ 練習的心得體會

下面就談談我在練習中的一些心得體會。

觀息法是我最先接觸的，也是我覺得最容易上手的方法。練習觀息法並不是要讓自己安靜下來，也不是要我們消除各種雜念，而是讓我們專注呼吸，體驗當下，讓我們對一切念頭和感覺保持平等心，不抗拒、不糾纏、不思考，不以分別心對待。以一個觀察者的身份，用一顆平等的、中立的心去觀察，對所浮現的各種念頭和體驗到的感覺保持覺知，僅僅知道它的存在就可以了，走神了就把心拉回到呼吸上，僅此而已。我在進行觀息法練習的時候很用功，當要求做 20 分鐘的時候我盡量做

到 30 分鐘，要求做 40 分鐘的時候我盡量做到 50 分鐘。我堅持每天早晚練習，中午下班回家後會再做 1 次，每天至少 3 次，每天花在觀息法練習上的時間基本保持在 3-4 個小時。除了靜坐觀呼吸，平時也盡量做到隨時隨地觀呼吸；因此，焦慮感和恐懼感在不知不覺中越來越少。

之後，李老師還教我亦止法的練習。剛開始練習亦止法的時候，我感覺很彆扭，基本上說不了幾句就不知道該說甚麼了。在每次的輔導中，李老師都會詳細問我各項的練習情況並記錄，發現我做亦止法的練習不夠時還帶我一起做；慢慢地，我能隨時隨地練習了，最後把它融入生活中，像唸順口溜或哼歌一樣。

亦止法的練習其實說難也不難，關鍵在於多練，熟能生巧，對你當下所經驗到的一切，無論是看到、聽到、想到、嗅到、觸到的一切都進行描述並加上「亦是如此」。在練習的過程中就只是單純地去做，不要抱任何目的心，有了目的心你就會生執著心，有了執著心你就容易為自己的現狀一時沒有改變而感到焦慮、煩躁。

亦止法做得多了，你會越來越安於當下，心也不會再像以前一樣總是穿梭於過去和未來。當你的心能安住當下的時候，你就不會為不可能重來一次的過去懊悔、自責，不會為充滿變數的未來終日焦慮不安，你就能感受到生命的寧靜和淡定。

在練習的過程中，一切都不是一帆風順的，症狀也不一定一天比一天好轉。有時你會覺得自己的症狀已經有好轉了，但過不了幾天，或者經歷了一件甚麼事情你又會陷入「黑暗」之中，彷彿一切又回到了原點。這個時候人很容易對練習方法產生懷疑，也很容易焦慮不安並產生絕望的心理；愈是這個時候，你愈要堅定不移地保持平等心，做到順其自然，不跟自己所處的狀態糾纏，同時也要更加精進地練習。這一切都是正常的，我經歷過這個階段，相信許多走出來的朋友也經歷過這個階段。正如黎明前的黑暗，當你處在這個階段的時候，說明你離真正迎來曙光不遠了。所以，你需要保持足夠的耐心，精進地練習，讓一切順其自然地發生。

相信有些朋友會糾纏於自己到底能不能完全走出來，或是多長時間才能走出來的事，我也曾為此焦慮過，其實這是大可不必

的。就走出來這個事情來說，有的人可能需要的時間長一些，有的人可能需要的時間短一些，每個人的情況不同，悟性和練習的精進程度也不同，但我相信只要堅持練習，每個人都一定會越來越好，最終一定會完全走出來的。

有的人用了 3 個月才走出來，有的人用了不止 3 個月，而我則用了 5 個月，不要在乎到底需要多少時間。既然你有緣遇到這個訓練方法，就堅定地沿着這個方向前行，你一定能走出來的。既然一定能走出來，那麼早一點或遲一點又有甚麼關係呢，這就是修行，修煉我們的平等心、活在當下的心。

從我陷入這場煉獄般的「黑暗」到完全走出來，歷時半年左右。在此之前的近 30 年時間裏，雖然強迫、焦慮、抑鬱的症狀沒有完全爆發，但我在幾年前似乎就知道終有一天自己會崩潰，因為我的成長是完全被壓抑、焦慮、貧窮、匱乏和孤獨無助籠罩的。

因為家庭貧窮，父親在外軟弱無能，在家蠻橫暴力（包括語言暴力和行為暴力），我從小沒少被別人欺負。我從小在家裏聽

得最多的就是父親像個怨婦一樣對家人進行各種抱怨和指責。以至於在成長的過程中我習慣用幻想來尋求內心的慰藉，但幻想照進現實時又總是讓我痛苦不堪。

我從小就感到自卑、匱乏、孤獨無助，更無安全感可言。這也養成了我要強、事事追求完美的強迫性格。這樣的狀態一直伴隨着我，只不過隨着年齡的增長，以及通過自己不斷努力讓家庭狀況有所改善後，症狀減輕了些。即使有了體面的工作和穩定的收入，我還是容易對過往的種種經歷感到悔恨、自責，尤其怨恨父親。儘管父親已經去世 6 年了，我一想起父親依然會恨到咬牙切齒。

我對想像中可能出現的種種挫折和災難感到焦慮不安，總是覺得自己低人一等，尤其在感情方面總是覺得自己配不上別人，以至於談了幾次戀愛都因為自己不自信，總是低聲下氣勉強自己去迎合、討好對方而以失敗告終。所以，外表堅強、積極、活潑開朗的我其實內心是那麼的痛苦和無助。

直到症狀爆發，從小一直積壓在心底的各種負面情緒被近兩三個月和女朋友之間的矛盾，以及查出有慢性前列腺炎等事情徹底引爆。像火山一樣，所有的壓抑、焦慮、恐懼、孤獨無助等都噴湧而出，我徹底墜入恐怖的煉獄裏，叫天天不應，叫地地不靈。

從 4 月 16 日第一次給李老師打電話接受輔導到 5 個月後的今天，我可以心懷感激並堅定地說：我已經走出來了！曾經的「黑暗」已經永遠地成為過去！現在的我每天都過得很快樂、很輕鬆，也很淡定。雖然也會因為一些事情引起情緒上的波動，但很快就能恢復平靜的狀態。就像平靜的湖面落入一顆石子，短暫的波紋蕩漾後一切便恢復平靜。

回首過往，我心懷感激，感激自己無論在何種情況下都沒有放棄自己，感激家人用親情喚醒了我對生命的渴望，更感激李老師認真、耐心地輔導，讓我體驗到未曾體驗過的美好人生。感激自己的人生經歷，也包括這煉獄般的痛苦，我的生命因此得到洗禮，心靈得到蛻變和昇華。

我和女朋友最終還是和平分手了，彼此握手道別，相互祝福，真心祝福她能有一個幸福的人生。我的前列腺炎在堅持服用中藥 3 個多月後，隨着整個人狀態的好轉也慢慢痊癒了。我從小對父親的怨恨也在不知不覺中淡化。隨着「黑暗」的褪去，我的人生越來越充滿陽光，我是幸福的。

憤怒是痛苦的，怨恨是痛苦的，嫉妒是痛苦的，焦慮是痛苦的，一切的不安都是痛苦的，還有很多人在痛苦中掙扎。今天，我願以愛和寬容的心祝福他們早日擺脫痛苦。

何妨放鬆
當下自癒
強迫症

著者
李宏夫

責任編輯
譚麗琴

裝幀設計
羅美齡

排版
辛紅梅

出版者
萬里機構出版有限公司
香港北角英皇道499號北角工業大廈20樓
電話：2564 7511　　傳真：2565 5539
電郵：info@wanlibk.com
網址：http://www.wanlibk.com
　　　http://www.facebook.com/wanlibk

發行者
香港聯合書刊物流有限公司
香港新界大埔汀麗路 36 號
中華商務印刷大廈 3 字樓
電話：2150 2100　　傳真：2407 3062
電郵：info@suplogistics.com.hk

承印者
美雅印刷製本有限公司
香港九龍觀塘榮業街 6 號海濱工業大廈 4 樓 A 室

規格
特 32 開（150mm×213mm）

出版日期
二〇二〇年八月第一次印刷

本書由廣東人民出版社有限公司授權本公司在中國內地以外地區出版發行。